Les Refrains de Saint Ouen

Comptines pour les grands qui ont des petits

TOME 1

L'Anonyme de Qumrân

Inventé par Romain Garcia
Dessiné par Élodie Darqué

2020

Chronologie du royaume de Saint-Ouen

L'Antiquité

- 40000 avant J-C : les tags de la rue Bauer, premier exemple d'art pariétal en Europe
- 8000 avant J-C : révolution néolithique, cultivation des plantes et sédentarisation d'Homo sapiens, cité Cordon
- Vers 3300 avant J-C : invention de l'écriture cunéiforme à l'école Bachelet
- 2300 - 1700 avant J-C : civilisation du Boute-en-Train, invention des barres chocolatées
- 1200 avant J-C : Abraham et sa tribu s'installent en Terre promise, rue Soubise
- 551 avant J-C : naissance de Confucius aux Puces
- 500 avant J-C : arrivée des premières tribus gauloises, invention du savon, rue Mariton
- 483 avant J-C : Siddharta Gautama, marchand d'étoffes du marché Ottino, accède au Nirvâna en contemplant le périphérique depuis la porte de Montmartre
- 53 avant J-C : bataille de Lutèce, les troupes d'Audonix défont l'armée romaine de Jules César qui sera exécuté lors de jeux du cirque organisés au stade Pablo Neruda
- 44 avant J-C : Les Ides de Mars, assassinat d'Audonix par Brutus, le grand conquérant gaulois expira en prononçant ces derniers mots : « *Tu quoque Gabriel Péri* »

- 27 avant J-C : création de l'Empire audonien par Auguste qui s'étend de Gennevilliers à Aubervilliers
- 33 après J-C : crucifixion de Jean-Claude à Montmartre et résurrection dans une cave, cité Charles Schmidt
- 320 : Les Grandes Invasions, la tribu des Houens et son chef Atilla s'installent sur le site du stade Bauer. 1ère coupe du monde de football
- 325 : réunion du concile de Nicée, salle Barbara, définition du dogme trinitaire

Le Moyen-Âge

- 476 : le chef Odoacre dépose le dernier empereur audonien d'Occident Romulus Augustule
- 498 : conversion du chef chrétien Elvis au paganisme, dynastie elvoringienne
- 614 : fondation par Clotaire II du château royal : la *villa Clipiacum*
- 684 : mort d'Audonus (Ouen) au château royal. Les reliques de Saint Ouen soignant la surdité, Saint-Ouen devient un lieu de pèlerinage
- 751 : coup d'État de Mesquin le Bref
- Xe - XVe : l'Audonie féodale, les seigneuries de Debain, Godillot, Zola et des Docks se livrent à des guerres intestines
- 1095 : 1ère croisade pour récupérer Saint-Ouen aux méchants

- XIe siècle : début de la foire du Landau attirant les bébés de l'Europe entière
- 1143 : construction de la patinoire de Saint-Ouen, diffusion de l'art gothique dans toute l'Europe
- 1173 : prise de la ville par Frédéric Barberousse, exil des guelfes et domination gibeline
- 1238 : Saint-Louis achète à l'empereur byzantin la relique de la couronne d'épines de Jean-Claude et en fait donation à la paroisse Notre-Dame du Rosaire
- 1352 : fondation de l'Ordre de l'Étoile par Jean II Le Bon
- 1401 : les portes du paradis du baptistère de l'église du Vieux Saint-Ouen par Lorenzo Ghiberti, invention du *schiacciato*
- 1429 : Jeanne d'Arc libère la ville. Couronnement de Charles VII dans la mosquée Al-Hashimi
- 1400 -1550 : Âge d'or artistique, la Renaissance audonienne qui s'épanouira plus tard à Florence et Venise

Les Temps Modernes

- 1492 : traversée de la Seine et découverte de l'Amérique par Gérard Colomb
- 1494 : traité de Saint-Ouen partageant le Nouveau-Monde
- 1515 : bataille de Marmottan, victoire de Saint-Ouen sur le comté de Paris, destruction définitive de Paris

- 14 mai 1610 : assassinat d'Henri IV malgré la B.A.C, rue Blanqui
- 1669 : construction du château de Boisfranc devenu depuis résidence royale
- 1769 : naissance de Napoléon, Cité de la Motte-Cordon
- 1776 : création des Etats-Unis de Seine-Saint-Denis. Saint-Ouen est choisie comme capitale
- 14 juillet 1789 : prise de la Pastille
- 21 septembre 1792 : 1ère république des *Choufs*
- 21 janvier 1793 : exécution de Louis XVI place de la République à Saint-Ouen
- 2 mai 1814 : Restauration : déclaration de Saint-Ouen signée par Louis XVIII, le roi-fauteuil
- 1821 : mort de Napoléon en exil sur l'île Saint-Denis
- 1823 : la comtesse Zoé La Caillera s'installe au château de Saint-Ouen
- 1854 : Alexis Godillot crée les premières *Stan Smith*
- 1860 : Garibaldi lance l'expédition des Mille : réunification de Saint-Ouen. 2ème République des *Choufs*
- 1885 : création du marché aux Puces par des bidasses vendant leur linge sale
- 1890 : le piccolo de Saint-Ouen élu piquette de l'année
- 1897 : fondation du Red Star par Léon Trotski
- 1929 : mort de Louise Weber dite La Goulue
- 1934 : naissance de Brigitte Bardot, rue du Plaisir

- 1939-1945 : 2ème guerre mondiale : révolte du maquis de Saint-Ouen
- 21 Avril 1944 : bombardement de Saint-Ouen par les Anglo-Amérindiens
- 25 août 44 : Fête de la libération à Saint-Ouen. Le général de Gaule descend la rue des rosiers
- 1945 : création de l'ONU, salle Barbara
- 1965 : concert mythique de Jim Morrison porte de Clignancourt. Le chanteur choisit alors le nom de *The Doors* pour son groupe rock
- 1981 : Restauration de la monarchie à Saint-Ouen à la suite de l'élection de François Mitterrand
- 2013 : Le Red Star remporte pour la 5ème fois consécutive la Ligue des Champions de football
- 2014 : Saint-Ouen obtient la médaille de bronze aux Olympiades de l'endettement municipal
- 2018 : jumelage du royaume de Saint-Ouen avec la principauté de Brooklyn aux États-Unis
- 04 avril 2018 : Naissance de Mila Romanovna, héritière du trône

Le récit qui suit relate les premières années de la vie de la princesse Mila Romanovna dans le royaume de Saint-Ouen. Le recueil manuscrit a été découvert dans une grotte mise au jour à Qumrân, à proximité de la mer Morte lors de fouilles archéologiques menées en 2068.

Le recueil contenait une chronique versifiée, rédigée par un trouvère local dont le nom nous est inconnu, un familier de la cour royale audonienne : *l'Anonyme de Qumrân*.

Ce recueil est considéré par les sujets du royaume de Saint-Ouen comme une ultime révélation divine, son véritable sceau.

Puissiez-vous, honorables Audoniens, chanter ces quelques vers aux Gentils de votre connaissance et ainsi témoigner de la Bonne Nouvelle au-delà de nos frontières !

À ma fille Mila
À ma compagne Natasha
Merci à Élodie

Un grand merci à l'App Notes de mon téléphone
Sans laquelle ce livre n'existerait pas
Toute ma gratitude à ses inconnus développeurs

Monstrant regibus astra viam

Voyage en humeurs

Si tu es grognon,
Je t'envoie à Gueugnon.

Si tu es gnangnan,
Tu iras au Mans.

Si tu fais le malin,
Direction Saint-Ouen.

Et si tu es gentil,
Je t'emmène à Paris !

La Compote, mon pote

Elle est bonne la compote, mon pote.

Compote de fraise …
À l'aise !
Compote de poire …
Quelle histoire !
Compote de pomme …
Énorme !
Compote d'abricot …
C'est chaud !

Elle est bonne la compote, mon pote.

Avertissement au lecteur

Maman, c'est une femmelette !
Papa, c'est une omelette !
Ça ne vole pas haut.
C'est absurde, ce n'est pas beau !

Mes amis me disent :
- Ce n'est pas poétiquement correct.
La censure te pend au nez,
Tu ne seras pas publié !
Tu as franchi la ligne Maginot
Des sujets pas beaux.
C'est beaucoup trop méchant
Pour eux les parents.

Moi, je m'en moque, je les aime
Mon beau Papa, ma belle Maman.
À ma façon, ironique, cruelle
Que l'on m'entende !

Les grands-mères de la rue Ampère

Deux grands-mères
Reluquaient
Deux grands-pères
Aux avenants fessiers
Rue Ampère :

- Regarde-moi ces caractères :
Deux beaux Apollons callipyges !
Coulés dans un beau bronze, dis-je.
Ô mon Dieu ! Quelle peur
S'ils flairaient nos viles humeurs.

Allons, allons ! Nous en avons vu d'autres
Au temps des premiers apôtres.
Le moustachu, c'est le mien !
Je te laisse l'Italien !

Bonjour, Messieurs, voudriez-vous
Que nous massions vos pieds chez nous ?
C'est avec joie que nous pourrions
Passer ensemble un temps plus long.

- Mes chères dames, c'est cruel,
Mais vos groins ne nous agréent guère.
Pensez-vous que nous ayons l'âge
De tous ces enfantillages ?
Nous sommes, nous, de dignes pères
Et vos méthodes sont d'avant-guerre !

- Oh, eh bien, si c'est ainsi,
Que messieurs nous pardonnent cette tentative

Réalisée en eau tiède, insipide,
Hasardeuse s'il en est,
Mais pleine du cœur dont vous manquez.

Allez, viens Germaine,
On trouvera bien notre parti ailleurs
Dans des contrées où les gens vivent sans heure.
Quant à vous vieux pépères,
Fruits trop mûrs, passés,
Pas assez verts,
Déguerpissez de ma rue,
Ma rue Ampère ! Vieux pépères !

Les mains de bûcheron

Papa, il a des mains de bûcheron,
De vraies paluches en béton.
Il me dit qu'il les a acquises
En chassant l'ours de la banquise.

Papa, il a des mains de bûcheron,
Des mains de mineur de fond,
Avec dix doigts qui vous disent :
Je ne rigole pas, moi, je vous brise.

Papa, il a des mains de bûcheron
Qui ont tordu quelques lions,
Quelques serpents des Cévennes,
Et quelques voleurs à la traîne.

Papa, il a des mains de bûcheron,
Énormes qui font peur aux gibbons.
Il les a forgées en coupant le blé
Tous les soirs de l'été.

Papa, il a des mains de bûcheron,
Pas vraiment des mains délicates,
Plus du genre roi de la ducasse
Que poète du Parnasse.

Papa, il a des mains de bûcheron
Des doigts saucisses, des paumes oignons
Mais dès qu'il me berce le soir,
Ses mains sont de pêche et poire.

La caverne d'Ali Papa

Dans ma maison, il y a
Des jouets partout pour moi,
Un petit chat à embêter,
Des poissons rouges à pêcher,

Des casseroles pour faire du bruit,
Les cheveux de maman à tirer,
De belles porcelaines à briser,
Des tableaux de maître à retoucher.

Mais moi, ce que je préfère,
C'est une toute autre affaire.
Moi, ce que j'aime par-dessus tout,
C'est une armoire en acajou.

Dans cette caverne d'Ali Papa
Il y'a plein d'objets interdits
Et c'est ce que j'aime bien,
Le goût du risque de bon matin.

Car, dès que j'y puise ses caleçons
Il réagit, devient grognon.
C'est alors que j'éclate de rire
Et qu'Ali Papa se déride.

Il me chatouille alors les cuisses,
Je m'enfuis dans les draps lisses
Et, dans un grand cri de fureur,
Lui fais un grand câlin vainqueur !

Fermeture d'usine

J'ai retrouvé ma chérie
Villa de l'Industrie,
Je lui ai offert un bouquet
De gerberas noirs.

Des fleurs que j'ai trouvées,
Promis juré,
Dans un petit bosquet
Rue Salvador Allende.

Toutes abandonnées à tort
Par de vils fleuristes.
Je me suis dit : quel pauvre sort,
Rendons-leur service !
De si belles plantes dans un avenir
Proche fanées,
Offertes à l'élue de mon cœur
Retrouveront leur été.

Voilà dans quelles dispositions
Je m'en suis allé
Villa de l'Industrie.

Lui racontant ceci,
Sans délai, ma chérie me dit :
- Qu'as-tu fait, pardi ?
Ces gerberas ne t'appartiennent pas,
C'est la dernière fois,
Foi de moi,
Que tu me verras !

Que de conséquences
À quoi bon donc cette entreprise ?
Était-ce vilénie ?
Non, juste une petite prise.
À quoi bon tout ce prix ?
Si me quitte ma mie
Villa de l'Industrie.

Aux petits oignons

Non, non, non, pas d'oignons !
Oui, oui, oui, les brocolis !

Non, non, non, on est grognon !
Ça suffit les salsifis !

Jeux de mains, jeux de vilains

On tape des mains...
Ça embête les voisins !

On tape des pieds...
Ça fait suer Mamie Andrée !

On crie de bon cœur…
Pour effrayer la petite sœur !

Et on se tape les fesses…
Pour que bébé soit en liesse !

La prière culinaire

Ce matin, j'ai faim !
J'ai un diable dans le ventre.
Il ne me réclame rien moins
Que quelques denrées comme rente.

Si je ne m'exécute pas,
Il dit qu'il fera tout exploser !
Entrailles, intestins, tout ça,
Tout pulvérisé !

Il m'intime l'ordre alors :

De faire une petite prière
Pour un camembert,
Quelques homélies
Pour un petit brebis,
Trois *Ave Maria* d'avance
Pour de l'Abondance,
Un *Pater Noster*
Pour un Saint-Nectaire,
Et que je sois mis à l'index
Si je rejette ce Bleu de Gex !

Ô mon Dieu, je suis faible !
Sauvez-moi, pauvre pécheur.
Donnez-moi un ultime fromage
Et vous aurez mon témoignage !

Aidez-nous, Audon !

J'accueille les pèlerins
Venant en mon sein.
Au raout du 24 août,
Je guéris la surdité
Par mon doigt entreposé.

Ce n'est pas le dernier miracle
Que j'ai dans mon sac.
Bientôt vous verrez
La richesse se déposer
Partout en mon peuple
De petits Peuls.

Aide-toi, le ciel t'aidera !
Telle est la maxime millénaire
Dont Saint Ouen est le légataire.

La bière au chocolat

Moi, je mets mon pantalon
Pour cueillir le houblon.

C'est pour faire de la bière,
C'est mon nouveau ministère.

Faire une bière au chocolat,
Pas du goût de mon papa !

La danse des petits poulets

Nous, on aime bien gigoter
Parce qu'on est des petits poulets !

On gigote avec nos ailes,
La fête est vraiment rebelle !

Un petit mouvement de fesses
Tous les bébés sont en liesse !

Manif nasale

Laissez tranquille mon petit nez.
Pas besoin de le laver !

Laissez-moi mes crottes de nez.
Il m'en faut pour mon goûter !

Pas touche au bidou !

Papa, il a un petit bidou.
C'est un secret entre nous.
Il le cache à Maman
Qui n'est pas dupe pour autant.

Moi, j'aime son bidou
Vallonné et doux.
J'y pose souvent ma tête
Et j'en fais une fête.

Et, dès que j'ai du chagrin,
Je m'y blottis.
Grâce à lui, tout tourne tout rond,
Exit tracas et mouron.

Mais, si un jour quelques docteurs
Voulaient réduire ce gras de beurre,
Je m'en irais lutter
Pour le conserver.

Et quand bien même la masse,
Cette vile populace,
L'enjoindrait à rétrécir,
J'irais de ce pas les occire !

Je donnerais tout pour toi,
Ma vie, mon trépas
Pour conserver Papa
Cette douce bosse de toi.

La conspiration de l'aspiration

Les aspirateurs
Ce qu'ils font peur !
De vraies terreurs
En coque noire,
De vrais prédateurs
Aux trompes d'ivoire.

Ils multiplient les décibels
Du pays de Jézabel.
Ils sont terrifiants,
Vrombissants.
Leur mission :
Effrayer les enfants
Dans un vacarme
Étourdissant !
Vvvvvrrrrrrr !

On nous dit qu'ils sont utiles
Pour lutter contre les nuisibles.
Des organismes très dangereux
Qui s'immiscent dans le *système morveux*.

Moi, je vous dis : c'est du flan !
C'est un coup monté des parents
Pour nous faire taire, nous, les enfants.
Voilà pourquoi bébés de la Terre,
Bébés de la Terre entière !
Unissons-nous pour que se sache
Ce chantage des plus lâches.

Prenons notre courage à deux mains,
Profitons des moments de calme
Et, quand ces bêtes hideuses dorment,
Brisons donc leurs viles pommes.

Et c'est en détruisant le règne
De ces nuisibles pachydermes
Que nous rendrons justice
À nos tympans jeunes et novices.

Les bébés de 2018

Les bébés de 2018
Sont plus fous qu'en 68 !

En 2028, ils seront
Montessori pour de bon.
En 38, les déviances,
Ils en feront l'expérience.

En 48, affaiblis,
Ce seront de vrais Tanguy.
En 58, se casent et divorcent,
Retour chez Maman de force.

En 68, rebelotte,
La révolution sort de sa hotte.
En 78, désenchantés,
Gagnent des sous sans compter.

En 88, ils décrépitent,
Tous en jogging et cellulite.
En 98, de nouveau dégondent
Et convoitent des filles girondes.

En 2108, nonagénaires,
Mais toujours pas réfractaires.
En 2118 enfin, on remplace
Les organes qui rouillassent
Pour pouvoir attaquer fringant
Un nouveau siècle vrombissant !

Amour technologique

Je suis tombée amoureuse
En allant chez ma coiffeuse.

Il s'appelle Nono,
C'est un petit robot !

J'en suis tombée folle
En voyant ses belles guiboles.
Ô mon Nono !
Tu es mon petit robot !

Il a des fesses en plastique
Et de belles cuisses métalliques
Et un beau petit museau, mon petit robot !

Mon papa n'est pas d'accord,
Il trouve qu'on n'est pas raccord.
Moi, je m'en moque bien haut
Car c'est mon Nono !

Demain, il m'enlèvera.
On partira vers *Zyston 3*,
La planète de Nono,
Mon super héros !

Et ne vous en déplaise
Que je n'y vois pas de malaise
D'aimer mon petit Nono,
Mon doux robot !

La saucisse au camembert

Haut hisse la saucisse !
La saucisse au camembert !
La meilleure de l'univers !

Haut hisse la saucisse !
La saucisse au camembert !
La meilleure de l'univers !

Le tarin du Daron

Orchestral, musical !
Mon papa est un artiste trompettiste.
Il a un nez énorme
Qui ressemble à un trombone,
Qui fait des bruits hors-norme.
Écoutez-bien.

Il réveille les voisins du soir au matin.
Même les animaux de Vincennes
Sont indisposés par cette hyène.
Un bruit rythmé, tenace
Qui tient à sa vie, que rien ne lasse !

Une composition savante
Des pires sons de l'épouvante,
Une étude fine des cycles du sommeil
Pour que tout le monde se réveille.

Mon papa y met tout son cœur
De minuit jusqu'à 9 heures.
Il me dit :
- Je veux laisser une trace ici-bas.
Je serai le Mozart des nuits blanches,
Le Stravinsky des nuits punies.
On se souviendra de mes narines
Comme de la vie de Messaline.
On ne pourra ignorer de moi
Que je fus du soir son Dracula.

On fera de mon don des films,
Des biopics et des fanzines.
Il y aura de par le monde des adeptes
Appliquant à la lettre mes recettes
Pour embêter leurs femmes
Qui rechignent à céder leurs charmes.

On me construira alors des temples
De Bangkok jusqu'à Étampes
Pour honorer comme il se doit,
Le messie du ronflement : Papa !

Du pyjama à Zola

Hop là !
Fini le pyjama,
Le jour est levé,
C'est l'heure du body léger.

Je mets mon gilet,
Des babouches louches.
J'enfile mes gants en daim,
Mon bonnet en lin.
Je prends ma peluche
Et ma super capuche.
Puis, je vais de ce pas
À l'école Zola !

Dock-Down

Dans les Docks, j'ai un copain,
Trop cool, qui fait des dessins.
Sur un mur abandonné,
Il a partout graffé :

Je suis le roi des danseurs.
Je suis le prince des *writers*.
Je sais tout faire en *brake-dance*
Moi, j'assure. On m'appelle Hans.

En mobylette, il a détalé
Mais, pas loin, la maréchaussée
A renvoyé le roi du *street art*
Chez son beau-père fouettard.

Le père Grégoire

Le père Grégoire a dit :
- Vous, mes fidèles du Landy,
L'homme nouveau est advenu
Le pacte ancien est rompu !

Le père Grégoire a dit
Aux enfants du Landy :
- De ce jour, une nouvelle vie !
Fi des titres, fi des mitres,
Tous égaux dans la même marmite.

Le père Grégoire a dit
À ses ouailles du Landy :
- Moi, jésuite de formation,
Je suis contre l'ordination
Le nouvel Évangile n'a pas besoin
De ministres ultramontains.

Le père Grégoire a dit
Aux peuples du Landy :
- Vous ne faites qu'un, vous êtes unique
Dans le saint giron démocratique

Mais le père Grégoire a aussi dit
Du Panthéon où il gît :
- Nous, hommes de 89,
Avons bien été naïfs.
Méfiez-vous, jeunesse,
Des révoltes contre Caïphe.

Les requins du bain

- Pourquoi pleures-tu petite Mila ?
- Je ne sais pas moi
Mais quand je prends le bain
Je vois partout de méchants requins !

- Si c'est cela, n'aie crainte.
Les requins s'amadouent sans contrainte.
Il faut juste leur donner
Quelques doigts de pied à rogner
Odorants de préférence
Des orteils de mémorables fragrances
C'est là leur mets favori.
Et ensuite promis,
Les requins, rassasiés, seront partis !

Le poisson qui n'aimait pas l'eau

Dès que le bain est mis,
Ça y est, c'en est fini !
La petite Mila m'attrape
Et me plonge dans l'eau saumâtre !
Mais moi je ne peux supporter
D'être dans l'eau avec bébé :

Aïe ! Aïe ! Aïe !
Ouille ! Ouille ! Ouille !
Non ! Non ! Non !
Au secours !
Mettez-moi sur la terre ferme.
Je ne supporte pas les thermes.

Qu'ils soient romains, spas libertins,
Quels qu'ils soient.
De l'eau, moi, je n'en peux plus, je n'en veux pas !

Et même si je devais expirer
Dans l'éther oxygéné,
Par pitié pour mes branchies,
Je ne supporte même pas la pluie.

Je crains l'eau comme un chat.
Il n'y mettrait pas la patte.
Mais, pour moi c'est pire,
Je suis un poisson hydropathe !

Les besoins souverains

J'ai fait caca dans l'eau.
Ce n'est pas pour être rigolo !
Papa m'a bien grondée.
Que peut-il me reprocher ?

Si j'ai ici déféqué…
Ce n'est pas pour la beauté… du geste.
C'est qu'Archimède m'a guidée
À cette poussée indigeste.

Si je fais popo dans l'eau,
Ce n'est pas pour les cachalots.

Étant bébé empirique,
Je recherche les lois physiques :
Des selles dans une eau ionique
En surface restent statiques.

Si j'émets des corps flottants,
Ce n'est pas pour être odorant.

Si je fais mes besoins souverains,
C'est pour que la science aille plus loin !

Les saucisses à l'orange

Maman, elle est étrange.
Il paraît qu'elle mange
Des saucisses à l'orange !

Toute la journée,
Elle les passe à l'enclume
Pour exprimer le jus
Des plus beaux agrumes.

Elle garde alors de la pulpe
Pour mixer leurs sorts
Avec les plus belles chairs à saucisse
De porc !

Tout ça dans des boyaux
Cent pour cent naturels.
Elle dit qu'ainsi s'exprime
Toute la saveur de la couenne.

Ma maman, elle est étrange.
Ne dites rien à personne,
Elle mange …
Des saucisses à l'orange !

Le marquis de Selles

C'est l'histoire du marquis de Selles.
Valeureux guerrier s'il en est,
Un bien brillant militaire,
Un tacticien chevronné,
Mais quelque peu velléitaire
Dès qu'il s'agit de prendre l'épée.

Cette faiblesse, il la doit
À des envies pressantes
Qu'il ne maîtrise pas.

Dès que l'action s'enclenche,
Et qu'il doit occire
Quelques gens d'outre-Manche,
Le marquis est en panne sèche
Et doit quitter les lieux derechef
Pour pouvoir s'acquitter
De besoins primaires jusque-là réprimés.

Dès qu'un bataillon se pointe
Pour envahir sa Marche,
Le margrave de Selles décampe
Pour bombarder d'autres arches.

Dans ces guerres-là, il triomphe
Et soulagé, raconte-t-on,
Revient faire bombance
Pour recharger ses munitions.

Dans tous les salons parisiens,
Alors, il parade, conte ses exploits.
Mais tout le monde le sait maître
De moins honorables emplois.

Moqueurs, les gens de Cour lui disent :
- Vous, expert en ces rendus à la terre,
Vous êtes bien digne d'acheter
Un précieux brevet d'affaire.

Le roi ainsi, oyant votre expertise
En matière de scatologie,
Pourra guérir sa fistule
Sans eschatologie !

Necker Jacques

Mon nom est Jacques,
Jacques Necker.
J'habite à Saint Ouen,
De temps en temps,
Au château du chancelier Boisfranc.
Tout le monde me vénère
Moi, le banquier Jacques Necker.

J'ai mis fin en ces terres de France
Au libéralisme des physiocrates.
Et partant on me prit pour un démocrate.
Méprise...

Toujours dans le sens du peuple
J'intervins, j'intervins,
Pour que la masse mangeât son pain.

Toujours digne de confiance
Contractant des prêts en abondance.
J'ai endetté l'État et fis croire en ma réussite.
Moi, le spéculateur d'élite.

Quand vinrent les troubles pour Louis XVI
On me rappela au chevet de l'État
Et quand une coalition me détrôna
La Bastille fut prise et le roi dégoupilla.

J'étais alors au fait de ma puissance,
Moi, protestant suisse, sur les Français.
Mais comme tout le monde, dépassé,
Je dus quitter Saint-Ouen en janvier.

Ma fille Germaine alors, prosélyte,
Fut agent efficace de mon mythe
Pour qu'on retienne de bonne foi
Que le seul banquier adulé : c'est moi !

Regardez-moi

Je suis un bébé diva
Prosternez-vous, c'est moi !
Le plus beau bébé du monde
Qui est l'élue ? C'est moi !

Je ne suis pas n'importe qui
Je suis fille d'un noble lit.
Moi, j'urine du Champagne,
Mes cacas : de beaux pâtés de campagne.

Faire croire en mon importance
Là, tourne toute mon existence.
Pour cela je me distingue
Par un verbe rare et haut,
Loin des outrances des petits marmots.

J'ai aussi avec moi une certaine démarche
Savamment cadencée, balancée
Fruit des heures passées
À travailler mon port altier.

Pour le quotidien, je porte
Les fourrures que Nestor m'apporte,
De petites bottines perlées,
Des bas de soie.

Mes couches sont de pépites d'or
Que je donne aux bébés du dehors.
Et c'est en raison de ces libéralités
Qu'on me vénère telle une divinité.

D'aucuns diront que je suis hautaine.
Rien de plus faux, je ne suis qu'aérienne.
Tout cela n'est que vaine vilenie
Mais un diamant jamais ne s'avilit.

Le tout-venant du peuple me craint,
Impressionné par mes écrins.
Une telle châsse, se disent-ils,
Doit renfermer une belle morille.

À cela je ne peux leur donner tort :
L'habit fait bien le moine.
On ne peut avoir beau corps
Sans les appâts idoines.

Personne dès lors ne m'approche
Telle est la peur des belles roches.
Je reste seule à côté du bac à sable.
Les petits enfants heureux sont sales.

Louis XVIII : le roi-fauteuil

C'est l'histoire du roi-fauteuil,
Un des deux rois de Saint-Ouen.
Pas défait à Poitiers celui-là,
Pas d'orgueilleuses étoiles aux bras,
Mais, dans Londres exilé lui aussi
Après que son frère fut démis.

Il s'encroûta un peu
Et fit très peu d'envieux.
On le vit à Hartwell
Vivre chichement
Sans trop d'oseille.

Régnant potentiellement
En devenant régent,
Il devint roi de France
À force de patience.

C'est à la Perfide Albion
Qu'il doit sa restauration.
Dans son exil suprême,
Il se portait bien blême

Et, quand il revint,
Fit souffrir quelques bourrins.

C'est bien Louis le 18ème
Qui, avant son rétablissement,
Prit demeure prudemment
Au château de Saint-Ouen.

Il y rédigea une charte octroyant des droits
Il y reçut Talleyrand le *défroqué*
Et Fouché le *jacoquin* régicide.
Pour s'assurer que la capitale
À sa venue, de nouveau s'emballe.

Bien plus sage que le laisse penser ma prose,
Le ci-devant comte de Provence
Avait quelques coups d'avance.
Et, pas avare d'ironie,
Une fois sur le trône, établi,
Se sachant impotent,
Dédaignant tout orgueil,
Il dit de lui-même : je suis le roi-fauteuil !

L'alphabet des mots doudou

Quand on est baba de Bébé : Bisou !
Quand on est kaka de Kéké : Kissou !

Quand on est dada de Dédé : Didou !
Quand on est haha de Héhé : Hihou !

Quand on est lala de Lélé : Lilou !
Quand on est mama de Mémé : Milou !
Quand on est nana de Néné : Ninou !

Quand on est papa de Pépé : Pipou !
Quand on est tata de Tété : Titou !
Quand on est zaza de Zézé : Zizou !

Une pitchoune pachtoune

Une pitchoune pachtoune !
Dans le square Marmottan
Dévalait le bitume
À son corps défendant.

On la poussa bien bas
Et raté, son atterrissage,
Dans la mare aux canards
Devint un amerrissage.

Mais, vaillante pachtoune,
Elle n'en démord pas.
Quand on m'attaque, je mords !
Attends, toi tu verras…

Quelques jours passèrent
Et, négligent, l'effronté
Reçut sans en avoir l'air
Un coup de pied bien placé.

Patch ! Poutch ! Poutchoun !
Voilà, garçon mal élevé,
La patiente réponse
D'une pitchoune échaudée.

L'abeille et le cochon

C'est l'histoire d'une petite abeille
Qui aimait un cochon.
Elle lui disait je t'aime
En lui piquant le menton.

- C'est pour que tu te souviennes
De moi mon petit Gaston.
Dans ta couenne grasse et ferme
Mon souvenir sera long.

- C'est bien là ma crainte.
Moi aussi, je t'aime mon bourdon
Mais que l'amour est dur d'aval en amont.
Souffrir dans ma chair ta piqûre d'or
C'est bien là un lourd tribut pour un porc.

Pourquoi faut-il que tu me piques ?
Ne peux-tu pas m'aimer bourgeoisement ?
Tous ces vols en altitude, ces descentes à pique,
Les amours folles explosent en leur
développement.

Alors, à quoi bon dès lors nous aimer ?
Je préfère pour sûr la chaleur de mon foyer.
Ne pas avoir connu l'étreinte
Mais ne pas souffrir de ton absence,
Vivre ma vie de cochon sans contrainte
Hors des douleurs obsédantes.

N'est-ce pas là toute bonne vie ?
De ma soue putride,
Je vois les abeilles voler.
Dans ton bourdonnement vivide
Que vois-tu, toi, ma laie ?

Libérez les harengs !

- Libérez les harengs !
Libérez les harengs !

Ils sont pris en otage
Par de petits mousses pas sages,
Retranchés dans une tour des Docks,
Les bébés criminels !
Qui manient aussi bien le chantage
Que leurs opinels :
- Si vous approchez, on les fume les harengs.
Si vous approchez, un rollmops géant vous attend.

- Libérez les harengs !
Libérez les harengs !

Les saintes hérédités

Elle aura les yeux de son père,
Les cheveux de sa grand-mère.
Prophétie ... aussi !

Le caractère de la mère,
C'est dans la génétique des pères.
Prophétie ... aussi !

La flemme de sa marraine,
La séduction de sa tante Germaine.
Prophétie ... aussi !

Pour les hommes, une vraie bête noire,
C'est confirmé par les Moires.
Prophétie ... aussi !

Les mêmes Parques m'ont dit
Elle ira vivre en Tanzanie.
Prophétie ... aussi !

Comme c'est une fille d'avril,
Attention fille facile…
Prophétie... aussi !

Plus tard, elle sera ministre,
Au pire, avocat fiscaliste.
Prophétie... aussi !

Elle aura une grande descendance,
Ma boule de cristal le pense ...
Prophétie... aussi !

Pirates, à l'attaque !

Je suis un petit bébé,
Un p'tit bébé corsaire !
Je mets des pantacourts
Pour effrayer l'adversaire !

Je vais, nu-pieds,
Le sabre plastique à la main.
Je vais attaquer
Les plus beaux navires de Saint-Ouen.

Comme Surcouf, ils me rendent *ouf*.
Je vais les occire ces Anglais !
Rien ne me résiste, rien,
Dans ma tête de bébé !

Les bruits de la vie

Dans mes livres pour enfants,
J'apprends les bruits des animaux.
Que c'est compliqué !
Ma maman insiste :
- Allez, allez, il faut réviser !

- Bon alors :
Le corbeau croasse
Et la perdrix brourit.
Le dindon glougloute
Et le canard caquette.
L'alouette turlutte
Et la bécasse croûte.
Le lion rugit
Et le lapin glapit.

Pffff ! Très bien, très bien,
Mais ce n'est pas ça Saint-Ouen !
Ici, les chats miaulent
Et les chiens aboient.
Les pigeons roucoulent
Et les rats couinent.
Les scooteurs vrombissent
Et les *choufs* crient.
Les pompiers *pin-pontent*
Et les policiers *pin-pon-pintent*.

- À quoi bon tous ces sons animaliers ?
- Ça ne sert à rien. Tu as raison !
Tout en ce monde, tout est vain.
Mais puisses-tu, tout de même, petite Mila,
User de ces beaux mots
Pour soigner tes bobos.

Monsieur le Maire

Monsieur le Maire des bébés,
Je vous fais cette lettre
Que vous lirez peut-être
Si vous avez le temps.

Nous, bébés, sommes les esclaves
De décisions politiques
Des puéricultrices
Et de tous nos parents.

Je n'ai pas les mots pour décrire
Mon indignation et, pire,
Il faut que je vous livre
Mon désenchantement.

Ensemble manifestant
Des hochets dans les mains,
Nous arpenterons Saint-Ouen
Pour téter dignement.

Nous, peuple, bébés audoniens,
Dans notre colère farouche
Enfants de la rue en couche,
No pasaran demain !

Iniques vos décisions,
Tyrannique vous êtes,
Préparez votre défaite,
Jamais nous ne céderons !

Contre quoi ? On n'en sait rien,
Je vous l'accorde bien aise,
Mais c'est l'ascèse française
De réclamer du pain.

On a gagné !

On a gagné ! On a gagné !
Les doigts en V.
C'est la victoire des bébés.
On a fait popo dans le pot,
Fait nos premiers pas,
Dit nos premiers mots.

On a gagné ! On a gagné !
Les doigts en V.
Vive les andouillettes !
Et le cidre bouché !
On a gagné ! On a gagné !

Ketchup cake

Ma maman est *pump it up*.
Elle fait un cake au ketchup.
Elle dit que ce n'est pas qu'américain
Que le bon goût n'a pas de frontière.
Les Français n'y connaissent rien
Dans l'art culinaire !

Prétentieux les *frenchies,*
Ils croient tout savoir.
Vos mets pourtant sont *smelly*,
Il n'y a qu'à voir !

De l'autre côté de l'Atlantique,
On mélange tout,
La food est *global* maintenant.
C'est un fourre-tout.

Quand on n'a pas les ingrédients,
Take it easy !
Pas de problème.
Il faut faire preuve d'audace,
Pas de carotte et de farine.
No problem man ! Le ketchup remplace.

C'est cela qu'on appelle l'innovation.
Nous, on roule vers l'avenir.
Le *Vieux-Monde* lui est arrêté.
C'est là la fin de son empire !

Ketchup cake baby !
Hum ! Amazing, Mum !

Le parti Godillot

- Où as-tu mis tes godillots ?
Ça vaut le prix d'un gigot !
Alexis, fais bien attention
À tes bottines d'opération.

Demain, tu pars en Crimée
Occire des cosaques embusqués.
Il faut que tu prennes Sébastopol
Et, partant, la forteresse Saint Paul.

- Je crois les avoir mis sous mon lit ...
- Et bien, va les chercher, pardi !
Crois-tu que la gloire de l'Empereur
Se fera avec des mollassons sans honneur ?

Non, Alexis, la gloire de la France
S'est faite en habit rouge garance.
La gloire de la France s'est jouée
Dans des terrains putrides.
C'est l'odeur fétide
De tes godillots rances et usés !

Le meilleur restaurant

Dès que mon ventre me sollicite,
Jamais à ce point je n'hésite,
Aucune forme de tergiversation,
Je cours tout de suite au bouillon,

Je vais à mon restaurant préféré
Ouvert hiver comme été.
C'est le premier sur *BabeAdvisor*
De Saint-Ouen aux Côtes d'Armor.
Deux étoiles au guide *MicheSein*
Ça impressionne dans les couffins.

C'est là tous les jours ma cantine.
Il suffit que je dandine,
Que je hurle, que je guette
Que je formule ma requête
Alors, l'établissement m'accueille,
Et j'y mange toujours à l'œil.

Le cadre y est accueillant,
Dans sa gorge ronde, Maman
M'abreuve de son précieux nectar
Jaillissant de son beau dard,
Des hectolitres d'ambroisie
Pour nourrir le petit *baby*.

C'est tous les jours menu unique,
Je m'en moque, j'ingurgite !
Me voilà alors revigoré,
Prêt à attaquer ma vie de bébé.

Baby Rave Party

J'ai fait une grosse bêtise cette nuit
Lorsque sonnèrent
Les douze coups de minuit.

J'ai troqué mon pyjama,
Subrepticement,
Contre une paire de *Reebok*
Et un blouson jean *New look*.

Puis j'ai escaladé les barres
De mon lit.
Et un peu vicieuse, je le dis,
Ai placé une poupée leurre
Dans mon petit body.

J'y ai déposé une lettre mutine
Dans laquelle, j'ai écrit :
« Je reviendrai tôt le matin...
À l'heure des mâtines. »

Je suis sortie alors de la chambre
À pas de chats... Évasion réussie !
On va pouvoir aller ...
À la *Baby Rave Party* !

Dehors, m'attendaient mes copains,
Quartier Debain,
Tous de bons vieux punks à chien
Piaffant d'impatience
Jusqu'à une heure du matin.

Ils se dirent : - Mais qu'est-ce qu'elle fait ?
Ça fait une heure maintenant !
Ils ne surent que bien plus tard
Qu'on ne dupe pas comme ça Maman !

La punition ne se fit pas attendre :
- Ah oui ? Tu aimes la musique techno ?
Tu cherches la folie de la danse ?
Eh bien, tu écouteras pour pénitence
Mes bons vieux tubes disco !

Tourtiturri !

Pour pouvoir chanter cette chanson,
Il faut se doter d'un bâton
Et rouler les rrrrr
Sans modération.

Tourtiturri ! Tourtiturra !
Je te transforme en petit pois !

Tourtiturri ! Tourtiturro !
Je te transforme en chamallow !

Tourtiturri ! Tourtiturri !
Je te transforme en spaghetti !

Tourtiturri ! Tourtiturrou !
Je te transforme en kangourou !

Tout pour toi

Dis-moi, Mila,
Tu préfères tes chaussures
Ou ton père ?
Il faut choisir.

Tes belles bottines mauves ?
Ou l'amour de ton papa ?

Je veux les deux, moi !
Le réconfort de tes bras
Et la joie d'un objet pour moi.
Tu peux faire ça ?

Mais oui, mon bébé,
Tout pour toi.

Le trou de la Sécu

J'ai glissé sur une plaque de verglas
En allant à la patinoire.
On m'a refusé l'entrée là-bas,
C'est toujours la même histoire !

- Vous avez deux pieds gauches
On vous l'a déjà dit.
Tous les ans, c'est la même chose.
Désolé, il y a trop d'inscrits.

Des glissades en cascade,
Des genoux dézingués,
Des coups de patin dans la mâchoire,
Triple *loops* loupés.

Tous les jours une cagade,
Vous êtes un gaffeur unique,
Vous nous mettez dans la panade,
Monsieur le Danger Public.

La mairie, les pompiers,
Le SAMU, les hôpitaux,
La police, les ONG,
Les mutuelles et les ostéos.
Tous, hier, ont pétitionné

Pour qu'on ne vous voie pas de sitôt.
Ils nous disent : lui...
Au grand jamais !
On en a plein le dos !

Le trou de la Sécu,
Vous y avez votre part.
Imaginez tous ces salariés
Qui cotisent pour vos seules tares.

Alors non, Monsieur, je vous en prie,
C'est une décision péremptoire.
On ne veut plus vous voir ici,
À la patinoire.

Un repas d'enfer

Je suis la reine des caprices !
Tous les repas, un vrai délice.
C'est à ma bonne fantaisie
Que j'invente de nouveaux cris.

C'est en effet très grisant
D'avoir cet effet sur ses parents.
C'est bien, là, ma vraie passion
De les mettre à bout, grognons.

Avant de me faire manger
Des légumes ou des agrumes,
J'ai quelques lubies à opposer,
Je suis taciturne :

- Les pommes doivent être bien roses.
- Musique ! Je déteste les repas moroses.
- Coupez, je vous prie, en losange ma banane.
-S'il vous plait, point de bœuf mais du steak d'âne.
- Souffrez que je veuille un peu de homard.
- Par ici, dans la bouche, le caviar.
- De l'eau, oui, mais de l'eau de vie !
- Il est malhonnête, pas assez coulant ce Brie.

Parents, si toutes ces conditions
Ne sont pas réunies,
Vous savez ma détermination,
Je prendrai en otage
Toutes nos libations.

Je hurlerai tout de go,
Sachez me satisfaire.
Caressez bien mon égo
Ou je vous promets les Enfers.

Tût Tût !

Tût Tût !
Allez-là, démarre Mamie !
Lui, il ne tient pas à la vie.
Mais c'est quoi ça, il est rouge.
Allez quoi, bouge !

Tût Tût !
Eh oh, on arrête de dormir !
Les filles au volant y'a pas pire.
Mais tu vas voir, il va passer ce con.
Bravo, magnifique, une queue de poisson.

Tût Tût !
C'est toujours comme ça avec les deux roues.
Si je sors, je le troue.
Mais oui, *Joe la Frite*, passe devant.
S'il me touche, je lui casse les dents !

Tût Tût !
Il m'a rayé mon aile gauche !
Ah, sa bécane, qu'est-ce qu'elle est moche !
Mais regarde-moi cette tête de vainqueur.
Bon, on arrête de rouler en sénateur ?

Tût Tût !
Il a eu son permis dans une pochette surprise ?
Sa caisse, elle n'a vraiment pas de reprise.
Mais regarde-moi ce kéké là.
Et la priorité, c'est pour le pape François ?

Tût Tût !
Qu'est-ce qu'on s'amuse entre enfants !
À jouer aux *Parents au volant*
Qu'est-ce qu'on s'amuse au Grand Parc !
Trottinette contre poussette !
Un condensé de notre future vie
Dans le trafic à Paris !

Paulin Talabot

Combien de fois encore me mirerai-je
Dans tes miroirs urbains, Saint-Ouen ?

Je me suis vue dans une psyché,
Ce coin de ville est tout de glaces,
Les reflets de moi, bébé,
Avançant gauche sans grâce.

De longues verrières teintées de sable,
Mon double noir me suit,
Il a l'air d'être affable,
J'espère être bien avec lui.

Je me mire étonnée, cet air.
Je me suis vue bien convaincue.
C'est bien moi dans ce verre,
Cette figure furtive nue.

Je suis au stade lacanien
Enfin, je forme un tout.
Je m'affirme sans contreseing,
La négation, un point c'est tout.

Je me connais désormais bien,
Je me suis vue en entier.
Mais cette image est-elle le dessin
Fidèle pastel de ma psyché ?

Faut-il alors comme Marsyas
Que l'on m'inflige des écorchures
Pour que bien cachée sous les strass
On voit derrière mes épluchures ?

Reflet vrai de moi à toute heure
Dure, froide, sans enjoliveur ?
Barthélémy souffrir le martyr
Pour connaître son désir ?

Ou bien alors, seconde option,
Que j'affine ma silhouette
Pour forcer l'opinion
À oublier que j'ai une tête ?

Réflexion faite, j'en ai la foi :
Je prendrai soin de ma carrosserie.
Ne pas voir le vrai débat,
Ce n'est pas qu'une ânerie.
La vie n'est autre chose que ça :
Jouer son rôle dans la galerie.

Poupée Katia

Ma poupée, elle s'appelle Katia.
Je l'emmène partout avec moi,
Je la maltraite aussi un peu
Je lui réserve un traitement ad hoc.
Mais elle résiste bien aux chocs.

Cette chipie est une intrusive,
Elle me suit partout, où que je vive,
Elle jalouse mes autres peluches
Qu'elle traite souvent de greluches !

Elle veut être élue *Doudou de l'année*
Et postule toujours à cet effet.
Pour cela, elle fait sa mignonne,
Arbore des coiffes de jolie garçonne,
Elle me cuisine de bons petits plats
Mais également quelques coups bas :

Lapin Lulu a perdu ses deux oreilles !
Petit ours brun, pareil !
Jojo le Pas beau est encore plus moche.

Maman Gisèle a perdu ses mioches.
Sophie la girafe n'a plus de cou.
Où sont passées les griffes de *Petit loup* ?

Étrange tout de même tant de crimes
Au voisinage de Katia la sublime !
L'enquête, pourtant n'a rien donné,
Le tribunal des doudous l'a acquittée !
Ils n'ont pas jugé les preuves probantes
Elle fut surtout, de l'avis des jurés,
Convaincante.

Acquittée par la justice par erreur,
Elle ne l'est pas pour autant dans mon cœur
Et se trouve désormais reléguée
En deuxième division des jouets.

Un doudou, je n'en veux plus,
Je suis grande maintenant.
Je ne veux plus d'amitié exclusive,
Papa et maman me suffisent.

Le vélo, ça nous tue

J'ai failli me faire renverser
Par un chauffard écologique
Sur son vélocipède, pressé,
Roulant des mécaniques,
Il m'a écrasé les pieds
Sans même s'excuser, cynique.

Il pédalait plus vif qu'un fiacre
Et pestait contre les piétons :
- Ramassis de gens acariâtres !
Toujours à rebours, bouffons !

Le vélo, c'est l'avenir !
Vous êtes de l'Ancien Monde.
Bêtes de somme, vous traînez votre peine,
Rejoignez-nous,
Dans une nouvelle race humaine.

Deux pattes et deux roues,
Avez-vous déjà vu cela ?
C'est une hybridation unique.
Nous sommes supérieurs en tout
Vous autres, piétons, êtes si pathétiques.

Comment peut-on en 1880
Faire ce type de discours ?

Je pensais l'humanité depuis Kant
Bien plus pétrie d'amour.

C'est à croire que la technologie
Ne rend pas les gens plus honnêtes,
Elle ne nous retire pas, semble-t-il,
Nos réactions de bête.

Interloqué, je ne pus fustiger
Comme il se doit,
Ce monstre *cycloraptor*.
Mais la réaction
N'attendit pas demain,
J'ai horreur des redresseurs de tort.

J'ai décidé de ne pas me taire
Et d'organiser une démonstration
Devant le ministère des transportations.

Quelques amis sont venus,
Ce fut une franche réussite.
On nous entendait scander
Jusqu'à ce que nos voix nous limitent :

- Le vélo, ça nous tue !
Les piétons sont dans la rue !

Pas de pitié pour les papas !

Pas de pitié pour les papas !
Les papas,
Il ne faut surtout pas les ménager,
Il faut leur faire endurer
Les pires sévices
Toute la journée :

- Papa répare-moi la trottinette !
- Tu me fais un cerf-volant pour ma fête ?
- Bobo au doigt, allez, aux urgences !
- Ces bonbons-là, tout de suite,
Ou alors, vengeance !
- Peux-tu maintenant me masser le dos ?
- J'ai besoin d'une nouvelle paire de *Repetto*.

-Papounets, s'il vous plait,
Ne prenez pas cela pour des offenses.
Si nous avons tant d'exigences,
C'est juste pour éprouver votre endurance.
Si nous sommes si chafouins,
C'est que nous vous aimons bien.

L'amour se jauge tôt le matin.
Il faut leur en faire baver aux papas.
Sinon, ils ramollissent,
Deviennent des papas fainéants,
Et de géants rapetissent.

C'est pour leur bien
Que nous sommes si cruels.
Pas de pitié pour les papas !
Des sévices à la pelle,
Comme Masoch, ils aiment ça !

Les bouillies interstellaires

Tous les jours, ma maman
Me fait des bouillies végétales.
Toute la nature mélangée dans un bol,
Elle mixe les légumes
Garantis sans glycérol.

Mais un jour mon père m'avoua
Le pot aux roses
Les bouillies de Maman contiennent
Des protéines …
Non végétariennes
Très rares et très riches en fer
Ce sont des protéines …
Martiennes !

C'était donc cela cette bouillie verte !
Ce brouet riche, dense et adipeux
Point de fèves, de brocolis, de blettes
Mais de délicieux Martiens morveux !

Cela mit un sacré coup d'arrêt
À mes convictions écologistes
Car je dois l'avouer
Ces agapes d'hommes verts
Sont peu progressistes.

Mais que puis-je y faire
Si je tombe sur un morceau …
Délectable ?

Dois-je me flageller ?
Faire bonne chair martienne,
Cela vaut-il la cour martiale ?
Est-ce contraire à une quelconque éthique ?
Je ne suis tout de même pas
Cannibale !

La tarte au poivre

Est-ce une tarte aux poires
Ou une tarte au poivre ?

C'est doux mais ça pique,
Je ne sais qui croire,

Il n'y a que des bonimenteurs
Au sud de la Loire !

Quand il y en a ...

Y'en a marre des calamars,
Y'en a assez des chimpanzés !

Y'en a jusque-là des boas,
Y'en a assez du Zimbabwe !

Les vacances au studio

Demain, on part en voyage,
Tout au bout du monde, un studio !
Maman me l'a promis.
On ira dans un pays lointain
Presque aussi loin que l'Éthiopie.

De bon matin, Maman ira chercher
Tous mes petits frères,
Toutes mes petites sœurs
Et moi, l'aînée.
À sept, vers sept heures,
Devant l'ascenseur,
Tous prêts,
Prêts à partir
En vacances d'été.

Dès l'ouverture, on sonnera à la porte
De l'agence immobilière « de voyage »

Le Monsieur nous donnera les clefs
Le studio est au dernier étage.

La route est longue, la pente ardue,
Un de mes frères nous quitte.
Les chemins escarpés aux canyons nus,
Nous atteignons, là, notre guérite.

Une lumière sourd depuis le vasistas.
Elle laisse apparaître une clairière
Où, à six, de guerre lasse
Nous nous écroulons par terre.

Ma mère pleure, picte un *La Plaisse*.
On entend au loin un air de fado.
Les voyages forment la jeunesse
Même dans un studio.

De Serpette à Biron

C'est samedi,
Papa m'emmène aux Puces.
Je fais mes affaires
Pendant qu'il négocie un lustre
Avec savoir-faire.

Dans une cursive, j'aperçois
Une tétine et un hochet anciens
Je me dis, ça, ça plaira
À la crèche à mon ami Lucien.

- C'est 850 euros, je vous fais un prix !
Le hochet est en bois de néflier.
Il a appartenu à un bébé marquis.
La tétine en émail chantourné
C'est rare, ça n'a pas de prix.

C'est d'époque *Transition,*
Oui vers 1760, dans ces eaux-là,
C'est l'époque où Rousseau
Ecrivait *L'Émile ou De l'Éducation.*

- Ce ne sont pas des vrais,
Tu me prends pour une nouille ?
Ta came est du 20ème et c'est de la drouille.

Tu vas me faire passer un *style*
Pour un objet *époque* ?
Tu crois que je suis une bille
Et que tu vas me passer ton toc ?

S'il le fallait, tu me vendrais
Chez Louisette
Pour un boudoir Marie-Antoinette.
Chez vous les biffins,
Il n'y a que les biftons.

Les vessies ne sont pas des lanternes,
Tout quidam n'est pas pigeon.
Avec vous les puciers,
C'est la même antienne
À Serpette comme à Biron.

Le Gang des trottinettes

Breaking news !
Hier, a encore sévi
Le *Gang des trottinettes,*
En pleine nuit.

Tous les journaux en parlent,
Toutes les chroniques à tue-tête,
Les réseaux sociaux s'en font l'écho
Et tirent tous la sonnette.

Imaginez, hier matin, rue Helbronner.
Quatre trottinettes garées
Anarchiquement, par terre.

Mais que fait la police ?
On n'a jamais vu depuis les *Blousons Noirs*
Une horde d'*Apaches* aussi barbares !
Un véritable recul de civilisation !
Il nous faut vite une régulation !

Imaginez, ma petite dame,
Du matin jusqu'à pas d'heure,
De petits engins silencieux, vifs et sans pudeur.
Ils slalomant entre les gens,
Traversent sans sommation,
Garent leurs engins où bon leur semble,
Font fi des règles de circulation.
Des sauvages, je vous dis,
Comme en Nouvelle-Zemble !

Le pire, c'est que le *Gang des trottinettes*
Recrute tous les jours des hordes
De nouveaux adeptes.
C'est le nouveau péril jeune
Un péril à deux roues électriques
Mues par des ados à casquette
Inciviques.

La voilà, la huitième plaie d'Égypte,
La nouvelle invasion de sauterelles !
Un châtiment, comme ça, ça se mérite,
On récolte les fruits que l'on sème.

Les emplettes des Épinettes

Tous les jours, au square des Épinettes,
On peut faire ses emplettes.
Les parents y trouvent tous les défauts
Qui soulagent leurs égos :

- Ce couple, il est ringard,
Regarde ça, salopette rose et pantacourt noir !

- Les deux-là, ils s'en envoient des trucs rances,
Y'a de la joie dans le square, ambiance...

- Le mioche, on ne lui a pas fait ses cheveux.
T'as vu comment elle attache son nœud ?

- Encore des bobos connectés,
Tu vas voir, leur fils, ils vont le zapper.

- Et, Papa sécurise ton gosse,
Arrête de *zieuter* la maman, bolosse !

- Ouh là ça, ce n'est pas vraiment du bio,
Il suinte le glyphosate son marmot.

- Cette gamine, c'est une vraie furie,
Quand on voit sa mère, on a compris.

- Même pas un pull par ce temps,
Pour eux, trois degrés, c'est *beau temps* ?

- Ça y est, on crie pour rien sur l'enfant.
Eh oh ! Ça ne fait pas de toi un vrai parent.

- Mais oui, ton gamin c'est le plus beau.
Si *Chanel* faisait des pelles
Elle en achèterait une, plus un seau.

- Regarde-moi ce concours de beauté,
Ça a cinq ans et ça ne fait que dandiner.

Voilà… les courses sont finies…
Les papas remisent tout dans le placard
Pour oublier qu'on fait, tous,
Tout ou partie de cette même histoire.

Le papy du parc

Je suis le papy du parc,
Personne jamais ne me remarque.
Je ne parle pas beaucoup,
En fait, à peu près, à personne,
Car entendre les gens,
Quelque part, ça m'assomme.

Je suis assis tous les matins à 10h10
Sur le même banc
Jouxtant le grand chêne
Et le toboggan.

À 15:20, je reviens
Assis sur une autre chaise
En face du pool d'eau
Dans l'allée des mélèzes.

Un jour, j'ai vu un passant pleurer
En me voyant.
Ce fut pour moi, un état de grâce.
Il marchait avec son bébé,
Un peu hésitant,
Nous étions de la même race.

Nous partagions la même mélancolie.
Il voyait en son bébé,
Mes traits de vieillards lassés,
Je voyais en lui, mes jeunes jours passés.

Il s'en est allé la larme à l'œil,
Inconscient que nous étions des pairs.
J'ai compris, moi, que j'étais son aïeul,
Je me suis écroulé par terre.

Allô, l'eau, l'eau !

Allô ! Allô ! Allô !
Il y'a une fuite d'eau, d'eau, d'eau !
Appelez le plombier, bier, bier !
Ou bien les pompiers, piers, piers !

Oui, ceux de Bauer, er, er !
Qu'ils soient à l'heure, l'heure, l'heure !
Ils sont là, là, là !
Alléluia, ia, ia !

Baby, body, buddy

I'm so happy, happy
To be your mamy, mamy.

You're my baby, baby
And he is your dady, dady.

This is your body, buddy
And you are my cutie, cutie.

La guerre d'indépendance

Non papa, je ne veux pas
De tes câlins.
J'ai des choses à faire !
Ma vie de bébé est chargée
Comme un petit baudet.

Tu es un vrai pot de colle !
Tu t'attaches comme un chewing-gum.
Moi, j'ai deux ans maintenant.
Je n'ai plus besoin de toi
Comme avant.

Je reviendrai plus tard, n'aie crainte,
Le jour où j'aurai mes premières étreintes.
Je te présenterai alors mon amant
Qu'il s'appelle Paul, Karim ou Jean.
Tu le testeras comme il se doit
Mais, c'est moi qui aurai le choix.

Cependant, papounet, tu t'en doutes,
Pour que je ne fasse pas fausse route,
Je te solliciterai pour mon trousseau
Pour ma dot, pour ma caisse
Et les couches du marmot.

Mais d'ici là, laisse-moi,
J'ai mes choses à faire !
Papounet, je t'aime moi,
Quand tu es débonnaire.

Je voulais nourrir le poisson

J'ai uriné dans le bocal,
Je voulais nourrir le poisson.
Il s'est porté très mal,
J'ai dû lui faire une réanimation.

Quand je l'ai massé sur le torse,
Enfin, sur ce qui lui sert de poitrine,
Je n'ai pas senti mes forces,
Des branchies, ont giclé des *linguine*.

J'ai rafistolé tout ça,
Comme j'ai pu,
Avec des bouts de scotch
Et de la super glu.

Le poisson avait l'air d'un poisson,
Je fis un travail honnête.
Mais, plongé dans son bouillon,
Il a reperdu sa tête.

Je n'avais pas d'autre solution
Pour sortir de cette affaire
Que de faire porter le chapeau
À mon petit frère.

Car, si l'on n'a pas un coup d'avance,
On risque de perdre l'immunité,
Des parents, on perd leur confiance
Et c'en est fini de l'impunité.

Je mis alors toute ma science
Au service de ce dessein
Et, c'est, j'avoue, sans élégance
Que fut condamné mon frangin.

Mais c'est de bonne guerre
Contre un frère,
C'est un coup-bas classique.
En famille, soyez délétère,
C'est de la *Realpolitik*.

Coupe tes mots au massicot

- Personne ne m'écoute ...
C'est d'un triste !
J'ai beau crier, hurler.
Mes amis m'appellent...
L'anesthésiste.

Maître, comment faire ?
Quel est donc ce savoir-faire ?

- Tout d'abord, arrête de te plaindre.
Tes phrases, il faut les peindre.
As-tu ensuite quelque chose à dire ?
Entre les mots, est-ce que tu respires ?

Crois-tu, toi-même, en tes paroles ?
Cesse de quémander quelqu' obole.
Apprends par cœur de la poésie.
Fais tes prières de nuit.

As-tu lu Joris-Karl Huysmans ?
Il faut comprendre son élégance.
Sans tempo, sans musique,
Aucun liant, aucune rhétorique.

Ne parles-tu pas trop ?
Acquiers un langage dévot.

Enfin, conseil ultime,
Sans lequel rien de rien ne rime :
Coupe tous tes mots...
Au massicot.

Iaroslavl

Ko, ko, ko : malatchko
Cho, cho, cho : jaracho
Da, da, da : pravda
Ka, ka, ka : kochka

Om, om, om : dom
On, on, on : slon
Ri, ri, ri : smatri
Ki, ki, ki : nochki

Ik, ik, ik : zaytchik
Ok, ok, ok : Ribionok
Ach, ach, ach : carandach
Ich, ich, ich : malich

Ma, ma, ma : michka
Ba, ba, ba : baboushka
Yet, yet, yet : priviet
Ka, ka, ka : sabatchka

Na, na, na : Natasha
Ra, ra, ra : ripka
Ble, ble, ble : carabl
Vle, vle, vle : Iaroslavl

La geste cynégète

Tous les ans, à la même époque,
Vers le mois de septembre,
Personne ne tient en place,
C'est l'ouverture de la chasse !

Dans la famille,
Branle-bas de combat,
On s'y prépare toute l'année,
On ronge notre frein, on ronronne,
Quand vient l'automne, enfin,
On randonne !
Papa confirme, définitif :
- La saison va être bonne !
Le gibier est abondant bien que craintif
En forêt d'Argonne.

Il a investi de nombreuses caches,
Soyez prêts !
Dès qu'un spécimen se détache,
Je sonnerai
L'hallali, et là, chacun pour soi,
Chacun sa vie.

Toute la famille recherche
Un gibier particulier,
Un gibier sauvage et odorant,
Difficile à débusquer.
Ce sont nos chaussettes !
Qui tous les ans,
Mystérieusement,

Font leur mallette.
Elles s'échappent tous les étés
De leur enclos
Puis vivent une vie solitaire
Sans alter-ego.

C'est là que l'on fouille toutes les caches sibyllines
De nos chaussettes orphelines :
Les placards, les armoires,
Les chaussures abandonnées,
Les coffres, les tiroirs,
Les paniers en osier.

La chasse, alors, peut commencer.
C'est à qui en trouvera le plus.
L'année dernière, je fus longtemps en tête.
J'ai ramassé, toute seule, cinq de mes chaussettes
Avant de me faire battre sur le fil
Car Maman découvrit un ultime bas-résille.

Toutefois, malgré l'aide précieuse
De chaussettes bien aimables,
Certaines paires vicieuses
Restent parfaitement introuvables.

À croire qu'un monde parallèle existe,
Un monde secret qui fleure bon,
Où nos pauvres chaussettes déguerpissent
Pour fuir nos pieds nauséabonds.

Un monde où nos chaussettes
Respirent enfin le grand air.
Cette geste cynégète
Chante ici ce mystère.

L'appel de la pantoufle

Papa a des rêves de petits vieux,
Des rêves qui reviennent, cycliques.
Il ne peut pas lutter contre eux,
Ce sont des rêves domestiques.

Il en fut tout autrement dans sa jeunesse,
Où les tropiques le désignaient
Pour être de ceux qui quittent la messe
Et vivent une vie d'aventurier.

Tous les horizons lui semblaient proches
Et tous les parcours accessibles,
Même ceux de boue et de bouloche,
Il les avait alors pour cibles.

L'Indochine, la Plata,
La découverte de la Savoie,
L'indu-Kouch et le Tartare,
Les plateaux infinis du Hoggar,
Les non-lieux des usines slovaques,
Les plus innommables cloaques,
Il les faisait siens sans coup férir
Car voir, disait-il, c'est grandir :

- Ma maison, c'est le monde.
Ses limites me sont familières.
De mes pas, je l'inonde,
Je l'enveloppe de ma sphère.

Rien n'est trop loin, même l'infini,
Pour mes pieds de géant.
D'un seul pas, je franchis
Les bacs, les cols et les étangs.

Mais quelque chose advint depuis
Qui chamboula tous ses plans.

Depuis qu'avec Maman, il m'a faite,
Papa dut avouer sa défaite.
D'un arpenteur patenté,
Il devint un pantouflard assumé !

Je suis moi-même la responsable
De cette mise en demeure.
Papa prit goût aux stations délectables
Comme d'une tartine au beurre.

Il fallait voir à Noël son émotion,
Papa avait les larmes aux yeux,
Des charentaises laine de mouton !
Vous ne pouviez m'offrir mieux.

Il nous dit :
- Voilà un cadeau qui me touche au cœur.
Vous avez vu juste, vous êtes sans erreur.
Votre choix de motif a fini de me fendre.
Le tartan écossais est pour moi le plus tendre.

J'imagine déjà mes pieds au chaud,
Dans tous mes déplacements, mes orteils protégés.
Je pourrai explorer *piano*
Les moindres méandres de notre maisonnée.

C'est bien cela le vrai voyage en classe première,
Un voyage aux usages ancillaires :
Servir les siens dans la régate.
Au quotidien, garder ce cap.

Puis, quand tout le travail est fait,
Quand tout est réglé de bas en haut,
Peindre à toute heure des exvotos,
Lire harassé d'obscurs essais,
Et, ainsi lové dans mes pantoufles,
Je voyagerai où l'esprit me pousse.

C'est un voyage plus enrichissant
Que ceux prônés par *Le Routard*.
Amis, découvrez le monde en stationnant,
Bouger vous rend ignare.
Soyez les apôtres de l'exploration statique,
Restez bien au chaud.
Faites ce choix domestique,
C'est le plus beau des paquebots !

Mariage arrangé

Oooh !
Qu'il est beau !
Le bébé des couches ...
Ce regard
Qui me touche !

Papa, je te préviens à l'amiable,
Ce n'est pas négociable,
Si j'en trouve un comme ça,
Il me passera la bague au doigt !

L'amour ne perd pas le Nord

Vindieu ! Vindiousse !
T'as une chacrée frimousse !
Te peux pas t'imaginer
Ch'que t'es belotte,
Min p'tit bouquet !

Je te mettro miz'ot dans le formol
Pour qu'd'gueule toudi y rigole.

Vindieu ! Vindiousse !
T'as une chacrée frimousse !
Tout ches bécots que j'te f'rai
Chi te reste avec tin pépé.

Le rock des épuisés

C'est le rock des épuisés !
Ça se danse agenouillé.
Il faut être harassé
Pour bien le danser.
C'est le rock des épuisés !

Tous les parents de bébés
Peuvent concourir cet été.
Une bonne insomnie,
Un bébé qui crie,
Vous êtes *ready* pour le prix !

Vous serez alors vraiment prêts
Pour ce rock endiablé.
Comme des zombies cernés,
Des papys carencés,
Prêts pour le rock des épuisés !

C'est la danse du dernier espoir
Un dernier petit rock du soir
Avant de s'écrouler,
Vaincus par bébé,
C'est le rock des épuisés !

Par terre à Helbronner

J'ai trouvé des crottes par terre,
Rue Helbronner.
Y'a un chien qui chie partout,
Un vrai dégoût !

Y'a des maîtres sans honneur,
Rue Helbronner.
Il faut qu'on leur dise en chinois
Ça ne se fait pas ?

Il faut leur faire bouffer cette *de-mer*,
Rue Helbronner.
Leur faire croire que c'est du chocolat,
Tout ce caca !

Amazon à l'horizon

- Allô ! Allô ! Papa Noël ?

- Est-ce que vous livrez au mois de mai ?
- Non, non, mon garçon c'est la floraison.
- Livrez-vous alors au mois de juillet ?
- Non, non, non, c'est la moisson.
Il faut attendre le mois de décembre, mon enfant.

- Le mois de décembre, hors de question !
Je vais demander à *Amazon* !

Madame Louise était quelqu'un

On m'appelle Madame Louise.
J'ai 60 ans et des brouettes.
Mon corps ne répond plus,
J'ai trop fait la fête.

Mes rhumatismes tancent
Mon vieux corps naufragé,
Une épave, une décadence,
Une caravelle outragée.
Le temps a fini de me dévaster,
Moi, qui fus au firmament
Du chahut français.

On m'appelle Madame Louise
Mais je fus *La Goulue*, qu'on se le dise.

Ah ! Je n'étais pas la plus belle
Ou la plus distinguée, loin de là.
Non, j'étais plus reine des rebelles
Et on m'aimait pour ça.

Mon terrain de jeu ce fut Montmartre
Moi, la zonarde, ce fut ma capitale.
À moins de 20 ans, j'étais déjà le pâtre
D'un troupeau d'admirateurs de bal.

Mon aura ne fit que croître
Dans toutes les guinguettes interlopes.
Mes danses n'étaient pas droites
J'avais un petit côté *salope*.

Je ne fis que profiter
De mes dons de séduction
Et, dès qu'un rupin se profilait,
Il me donnait ma ration.

Le prix était vite fixé,
J'ai en horreur les bigots.
Si tu veux ton baiser,
Il faut que tu payes mon gigot !

Je n'étais là que la continuatrice
D'une tradition d'actrices.
Nina Belles-Dents et *Bouffe-Toujours*
Avaient ouvert la voie.
Mais la vraie star du Cancan,
Aucun doute, c'est moi !

Je me rappelle encore des fois
De mon partenaire sur scène :
Valentin le-Désossé.
Tout le public et même Lautrec
Nous applaudissaient.

Ah ! On m'appelle Madame Louise
Mais je fus *La Goulue*, qu'on se le dise.

J'en souris encore et je pleure,
La mémoire est chose vivace.
Qu'il était dur et doux ce temps
Quand j'étais une pétasse.

Hauts les mains !

Hauts les mains !
Les petits lapins.
Mains en l'air !
Les vers de terre.

Ventres à terre !
Les petites vipères.
Haut les cœurs !
Les petites sœurs.

Têtes hautes !
Les petites linottes.
Bouge tes fesses !
Va à la messe.

Plein le dos ?
C'est que t'es pas beau.
Mou du genou ?
Toi-même le gnou.

Cheveux longs,
Idées courtes.
Creuse-toi la tête !
Petite loutre.

Prête bien l'oreille !
Petite abeille.
À vue de nez
T'es pas aidé.

J'en reste vraiment bouche-bée.

T'as pas le bras long
Mon petit mouton.
Tu *bêbêles* tout de go.
Tu suis juste ton troupeau.

Tu te crois unique.
C'est ton viatique.
Le doigt dans l'œil
De l'écureuil.

Tu n'arrives pas à la cheville.
Petite chenille.
T'es pas né dans l'éther
Ni de la cuisse de Jupiter.

L'orgueil chez lui et chez elle
Fait office de cervelle.
Bec et ongle,
Tu n'en démords pas,
Tu te prends pour le roi.
Roi tu es, parmi les singes.

Ce qui serait utile
Pour nous tous gorilles,
C'est que tu aies enfin l'empire
Sur tes méninges.

La république des Choufs

Bonjour Madame, comment allez-vous ?
Il fait beau ce matin, c'est agréable.
Et comment va votre toutou ?

Je vous prie, mesdemoiselles, passez devant.
N'ayez crainte, diantre, nous ne sommes pas méchants.
Soyez les bienvenues dans la Cité,
Tout n'est que luxe, calme et volupté.

Quel bonheur cette affabilité de bon matin.
Les *Choufs* contrôlent tout d'une délicate main.
Allez dans leur sens, ils sauront vous servir.
Ne remettez-pas en cause leur police
Et la vie sera douce comme du réglisse.

En période électorale,
Tout sourire, ils vous serrent la main.
Mais gare aux fractures fémorales
Si d'aventure vous ne votez pas bien.

Lettre du bébé à son bain

Adieu, ma chère salle de bain,
Je vous aimais pourtant bien.
Mais j'ai trouvé meilleur parti.
Voilà pourquoi je suis partie.

Je me souviendrai toujours
De vos douces mains
Et de vos solutions aqueuses
Mais je suis plus heureuse
Dans mon lit-berceuse.

C'est mon fidèle compagnon
Qui m'accompagne toujours au front
Quand il faut braver la nuit
Et tous ces cauchemars qui me lient.

Certes, ses caresses sont moins suaves
Que les vôtres
Mais il est pour moi un havre,
Tout autre.

J'ai besoin de son réconfort
Pour affronter mes peurs puériles.
Il est de toutes mes batailles utile
Et lutte pour moi à bras le corps.

Je vous sais baignoire toute ébaubie
À la lecture de cette lettre.
Vous ne pouviez supputer

Une félonie aussi complète.
J'espère que nos chemins se recroiseront.
Dans un avenir proche, nous le saurons.

Réponse du bain au bébé

Mon cher petit bébé,
Quelle ne fût pas ma surprise
À la lecture de votre missive.

Je vous voyais quelque peu pensif
Et un peu ailleurs,
Ces derniers temps,
Il est vrai.

Vos ablutions quelques peu poussives,
Vos odeurs mal traitées,
Je ne vous voyais que peu vous savonner.

J'avais mis cela sur le compte
De mes travaux de plomberie,
Une opération qui m'avait mis sur les flancs
Vous aviez compris.

Certes, pour un temps,
S'échappaient de moi quelques effluves
dérangeantes,
Mais ma tuyauterie est vieillissante.
Je ne suis pas une cuve de deux ans
Mais de trente !

Je suis désormais fringante
Et prête à reprendre du service.
Je vous promets d'être moins odorante
Et d'être pour vous une complice.

Voilà pourquoi je veux redoubler d'efforts
Pour vous satisfaire
Et que vous regrettiez votre choix
Et votre adultère.

Je ne vous promets plus des bains
Mais de véritables spas romains !
Finis les menus jets de pluie,
Place à l'hydrothérapie !

Votre acte adultérin me chagrine
Mais je ne puis vous condamner.
Je me sais matériau futile,
Mon intellect est limité.

Pourtant je sais pouvoir combattre
La spiritualité de votre lit.
Car chez moi, c'est l'éclate
En thalassothérapie !

Après la sieste

Coucou Papa !
Je suis en pleine possession
De mes capacités
Nuisibles !

J'ai dormi comme un petit loir
Je vais mettre le bazar
Jusqu'à ce soir !
Terrible !

C'est la guerre à modeler !

Tous les jours, ma maman bien informée
S'évertue à me faire des activités.
Pédagogiques, dit-elle,
Ça met du plomb dans la cervelle !

Elle me donne alors des *lego*, des décalcos,
Des feuilles à dessiner, des boîtes à trésor,
Tous jouets estampillés *Montessori*,
Maman adore.
Mais, moi, mon activité préférée,
C'est la pâte à modeler !

L'alibi est tout choisi :
- C'est un médium développant
Les capacités sensorielles
- *Babybel* !
- Ainsi que la motricité des enfants
- Poil aux dents !

- Mila ! Cesse un peu ça !
- Oui Maman, pardon.
Tu as raison
Car la pâte à modeler,
On peut la balancer !

Sur mes poupées, les bougres,
Dans la marmite, pour la dissoudre,
Dans mon petit pot, ça flotte,
Devinez qui en trouve dans ses culottes ?
Dans les bons plats de mon papa,
Ça bouche même les trous
De *Lucio Fontana* !

J'en mets partout, partout.
C'est la guerre à modeler !
Tous les coups sont permis,
C'est une guerre totale
Fuyez pauvres gens, si vous ne pouvez soutenir
Mes frappes chirurgicales.

Repas de famille

Nous avons discuté hier, dimanche,
Avec mon père
Pendant le repas de famille
Entre le gigot et la tarte aux myrtilles.

Papa m'a dit :
- Il faut que tu te trouves un notaire
En tout cas un notable.
Je ne veux plus de ces rastaquouères
De ces tas de minables.

Je le laisse parler, parler, parler...
J'ai entendu ce discours cent fois.
Il sait que je ne partage pas son goût
Pour les comptables et les gens de lois.

Moi, ce que je veux c'est un artiste,
Dégotter un bon guitariste
Un de ceux aux cheveux longs
Qui, même aux idées courtes,
Semble quand même profond.

Je veux m'en amouracher un soir au Brésil
Sur une de ces plages du *Pernambuc*.
Approcher nos deux corps fébriles
Ces matins aux effluves de boucs.

Je veux faire tous les destins américains avec lui,
Échapper de peu aux bandits,
Lézarder sans but sur les routes de l'Altiplano,
M'installer et y planter des patates,
Tout là-haut.

Faire une pelletée d'enfants avec lui
Puis ouvrir une école, un dispensaire,
Aider les autochtones dans leur vie,
Créer ensemble une économie du *care*.

Coucou !
Le signal de la pendule retentit.
La table est desservie
Jusqu'à la dernière cuillère.
Papa me réveille, pervers :
- Dis donc, tu as vu
Que tu étais à découvert ?

Amin le boulimique

Il était un bel Amin
Dans un beau pavillon de beurre frais,
La cuisine était de nougatine,
Le salon de brick au poulet.

Depuis sa chambre en chamallow
Régnait en maître Amin le Gros.
Toute sa Cour l'estimait
Pour sa grande prodigalité.

Lorsqu'il prenait le chemin de l'école,
Il distribuait partout ses oboles.
Le sucre jaillissait de ses mains
Comme l'or du fleuve Pactole.

Dans sa classe, il s'exerçait
À faire les meilleures omelettes.
Norvégiennes, espagnoles, il en maîtrisait
Toutes les meilleures recettes.

Le midi, il investissait
Le seul *Grec* alentour.
D'un *salade-tomate-oignon* garnissait
Son sandwich et son boulgour,
Sauce *Samouraï* cela va de soi,
Thé oriental et *baklavas*.

Après cette libation roborative,
Amin fit une promenade digestive.
Il engloutit tout de même
Quelques barres chocolatées,
Quelques jus à la mode
Et, pour son quatre-heures,
Quelques joyeusetés sucrées.

Plus loin, au marché, il rencontra
Une jeune princesse slave,
Fossettes saillantes et épicées,
Menton piquant comme de l'agave,
Sourire mi-figue mi-raisin,
Port altier comme une pièce montée.

Elle servait ses clients avec grâce
Blinis, pirojkis et *vatrouchkas,*
Quelques sorbets, quelques glaces
Qu'elle servait comme des en-cas.

Il tomba amoureux de cette petite Olgette
Et lui fit présent de belles chouquettes,
Lui promit monts et merveilles de massepain,
Cornets d'amour et bananes plantain.

Elle ne se fit pas prier car Amin
Était le plus beau parti du quartier.
Toutes ses réserves de farine
Faisaient pâlir les plus grands meuniers.

Dans les rues de Saint-Ouen-la-Brioche,
Les familles donc défilèrent
Dans de beaux carrosses en pralin,
Portières en caramel et roues de craquelin,
Volant de miel et sièges d'amandin.

Monsieur le Maire
Portait alors un beau costume de raisiné,
Cravate d'oublies à motif clafoutis
Et souliers de galettes.

Il fit un beau discours ce jour-là
Sur la faim dans le monde.
Tout le monde acquiesça et se rua
Sur les cannelés de Gironde.

Les agapes continuèrent
En franches lippées.
Pères et mères s'abreuvèrent
Sans discontinuité.

Ne vous offusquez pas Messieurs, Mesdames,
Il n'y a rien là d'inique.
Nous partageons tous cette peau d'âne
En bons boulimiques.

Au revoir ma cousine

Ouaich cousine
Ouaich cousin, bien ?

On m'a dit que tu me kiffais
Wallah, c'est *cheum*, c'est vrai ?

Je m'en bas les reins, frère.
Je m'en bas les reins, frère.

Zy-va, bouge de là.
Casse-toi *biatch* et puis voilà.

Apolline et Hippolyte 1

Apolline et Hippolyte
Ont des prénoms de dernière mode.
Entre parents de l'élite,
Cela constitue un code.

Quand dans les années 80,
Il fallait s'appeler Philippe.
En 2020, pour les *happy few*
C'est Hippolyte.

C'est ainsi que la bourgeoisie mue
Elle change de peau tel un crotale.
Quand, sur leurs prénoms, le peuple se rue
Il faut changer le plan initial.

« Pour que tout reste en place,
Il faut tout changer. »
C'est la leçon du *Guépard*.
Apolline et Hippolyte,
C'est la même histoire.

Apolline et Hippolyte 2

Apolline et Hippolyte
Sont de jolis petits enfants.
Ils ne gambadent pas très vite,
Bien qu'enfants, ils sont prudents.

Leurs jeux sont bien balisés
Par une grande sobriété.
Pas de folie dans leurs gestes
Ni de plaisanteries lestes.

Doivent-ils cette retenue
À un noble pedigree ?
Ou est-ce là l'héritage d'une race
Qui remonterait aux Thraces ?
Ont-ils acquis cette pondération
D'une divine élection ?

Nous devrions leurs demander
Car ils ont, pour sûr,
Une opinion sur le sujet.

Apolline parle en effet
Comme un ministre.
À 4 ans, elle aime
« Les décos minimalistes ».

Hippolyte, à 7 ans,
Est déjà philosophe
Et préfère à Aliocha,
Dimitri Karamazov.

Voilà donc ce qui les distingue
De la masse :
La maîtrise des nerfs et des mots.
Discrets en classe,
Ils amassent
Tout ce qui aux autres fera défaut.

Dans la cour de récréation,
Ils se repèrent et répètent
Les attitudes centripètes.
Ils se marieront sans nul doute
Entre enfants de la même soupe
Pour reproduire sous de neufs atours
Les connections de toujours.

Apolline et Hippolyte 3

Cheveux attachés, petites socquettes
Et souliers à l'avenant,
Petit short en damier ou salopette,
Quelque chose de bien seyant.

*Jacadi, Catimini,
Lily Gaufrette.
Tartine et chocolat*
Des habits de fête ?
Non, pour Hippolyte et Apolline
C'est l'assurance
Au quotidien de l'élégance.

Mais parfois, tout de même,
Maman, en fine stratège, fait défection :
Pour ne pas être vus comme une schnock,
Elle achète des jeans troués,
Ça fait *plus rock*.
Et, pour ne pas être vu comme *la snob*,
Elle achète même aux enfants
D'épouvantables bobs.

Pour que la diversion fasse bien mouche,
Elle répète à tout va qu'elle souffre
De s'occuper de ses *mioches*.
Elle utilise même le mot !
Même s'il est moche.

Elle dénonce alors à qui veut l'entendre :
- Hippolyte est un vrai rebelle,
Il refuse ses tartines de miel !
Apolline est une effrontée
Qui parfois cache ses poupées !

Elle, qui de par son milieu,
Trouve toujours une litote
Pour masquer ses sentiments,
Exagère désormais
Les anecdotes
Et les comportements.

C'est qu'il faut bien faire un choix
Entre l'idéal
Et le terre-à-terre.
Le choix est vite fait
Car le rejet social
Serait trop amère.

Apolline et Hippolyte 4

- Hippolyte, Apolline,
On rentre à la maison !
Cessez vos jeux, je vous prie,
Dites au revoir à Bertille et Louison.

La maison est un bel appartement
Avec vue sur le square.
Un F4 de 80 m2 et, comme agrément,
Une maison à Dinard.

Un peu étroit pour quatre.
Madame s'en plaint tous les jours
Mais vivre à Paris n'a pas de prix
La banlieue, ce n'est pas *glamour*.

Paris, c'est pour eux la sécurité sociale,
Une bonne école pour les enfants
Et les mêmes invités à table.
Non loin, Madame a son fromager
Le primeur bio et le charcutier.
Pour Monsieur lui suffit un bon caviste,
Et côtoyer de temps en temps
Ses amis boulistes.

Madame ne travaille pas,
Mais elle y travaille.
Monsieur est avocat
Qui défend des racailles.

Rien qui ne mérite d'être raconté
Aux grands-parents
Quand ils appellent.
À peine un cas rare aux Assises
Qui interpelle.

La semaine passe alors
Comme passeraient des trains
Entre course, cuisine, classe
Et transport en commun.

Le samedi, en revanche, ils se détendent
Et vont dans un *pub*,
Les petits en nourrice
Pour pouvoir danser au *club*.

On rentre au petit matin
Passablement grisé.
On s'engueule puis on s'étreint
Comme les petits sont couchés.

Le dimanche à la messe,
On y va quand on peut
Si le mal de tête nous laisse
Récupérer un peu.

Parfois, on y va quand même
Par sens du devoir.
Et, entre gens de vieilles roches,
Agiter l'étendard.

Les homélies de Monsieur l'Abbé
Les rappellent alors
À leurs devoirs moraux
Se sentant purifiés pour l'heure
Jusqu'au prochain apéro.

Apolline et Hippolyte 5

On retrouve Apolline et Hippolyte
Vingt ans plus tard.
Comme les *Trois Mousquetaires*,
Ils vont changer l'Histoire.

On les avait laissés, souvenez-vous,
Mûrs, éduqués, intelligents,
Mais c'était sans compter
Sur l'érosion du temps.

La sœur et le frère ont évolué
Pas vraiment comme attendu.
Les parents ont tout tenté
Mais les jeunes sont têtus.

À force de cracher dans la soupe
Et les valeurs de leurs aïeux,
Ils ont fini par changer de coupe
Et faire des tags jusqu'en banlieue.

Là-bas, au lieu de jeter leur dévolu,
Comme on eut pu l'escompter,
Sur la passive gauche intellectuelle,
Hippolyte et Apolline
Ont caressé l'idée et le cul
De petits et petites rebelles :

Apolline s'est entichée
D'un rappeur du 19ème
Et Hippolyte, pire, d'une blogueuse
FEMEN queer ukrainienne !

Les deux, chacun dans sa toge,
Sont des stars sur *Instagram*
Où la nouvelle aristocratie se jauge
Aux likes et aux punchlines.

Tout cela est embêtant
Mais pas encore rédhibitoire
Dans notre histoire
Sauf que …

Le beau-fils et la belle-fille
N'articulent pas un mot décent.
C'est gênant pour les repas de famille,
Ça indispose les grands-parents.

Papa et Maman pourtant humanistes
N'ont pu se faire une raison.
Ils voulaient comme gendre et bru,
Au pire des dentistes.
Voyez ce qui entre dans la maison !

Un jour, Maman a disjoncté
Après avoir vidé une bouteille.
Il a fallu un temps la placer
Car elle bramait dans son sommeil :

- Venez, nouveaux riches
Souillez nos paillassons !
Enlevez, enflures !
Nos filles et nos garçons !
Et que votre sang impur
Abreuve nos sillons !

Comme tout est plié.
Que la vague nous submerge.
Et bien, plongeons, dérogeons !
Livrons-leur nos enfants vierges !

La vie est injuste.
Le *Grand Croupier* a fait fausse donne.
On a tout fait pour eux
Et voilà qu'ils déconnent.

Feignant bébé

Je feins le câlin papa
Pour manger ton pain aux noix.
Je feins le câlin maman
Pour te voler tes gants.

Et j'ai beau le faire cent fois
Vous tombez dedans…
À chaque fois !

Baba Yega

À côté de chez nous, vit une mamie
Qui se fait appeler *Raymonde*.
Mais Papa dit que ce n'est pas ça
Et qu'elle trompe son monde.

Elle serait en fait une harpie, une sorcière,
Une vieille dame pleine de verrues.
Et, tous les samedis soir, courtement vêtue,
Elle fait un sabbat seule en jarretière.

Il dit que c'est pour attirer le diable
Pour qu'il lui livre enfin
Les dernières vérités alchimiques.
Quelques secrets acquis au Siam
Et le reste de Martinique.

Les jours de la semaine, elle ne sort
Que quand les petits enfants dorment,
Affublée de Santiags en cuir de boa,
Elle balade alors ses deux chihuahuas.

Elle se promène dans le Vieux Saint-Ouen,
Y collecte des grappes de raisin,
Y cherche des filles aux cuisses dodues
Pour les mélanger
Aux épices de son cru.

En rentrant, elle tague *ACAB* sur tous les murs
Car l'anarchie, c'est le futur !

À midi, elle confectionne de petits plans
Bien arrêtés,
Et mijote quelques coups bas
Contre la maréchaussée.

Le soir, elle nous croise parfois, en voisin,
Quand nous partons au sport.
Elle nous dit « Bonjour ! » avec entrain
Puis nous jette un sort.

Voilà ce que Papa me raconte chaque soir
Sur *Dame Raymonde*
Puis, il me dit : ne me crois pas !
La vie, ce ne sont que des histoires,
Et de la faconde.

L'atelier du peintre

- Mila, tu me dessines un bonhomme ?
- Non Papa, même pas une pomme !
- Et pourquoi ça ?
Tu ne sais pas dessiner du monde ses formes ?

- Mais non Papa, tu n'es plus à la page.
On n'est pas au Moyen-Âge.
C'est toujours la même antienne
Depuis Mathusalem.

L'art figuratif, c'est dépassé.
Pour être moderne, faut être abstrait !
Et même l'abstrait, c'est *old school,*
L'art rétinien ça roucoule.

L'art est partout que je sache,
Quand je tousse ou quand je crache.
Filme-moi et tu verras,
En ajoutant quelques photos,
On exposera au Palais de Tokyo.

Ce n'est pas suffisant je le sais.
Il me faudra aussi mettre une *play list.*
Et, à grand renfort de *Jagger bomb*
Et de belles filles girondes,
Être enfin reconnue artiste.

Je ramènerai tous mes potes
Pour faire croire à un succès heureux.
Et, en communion sous les *spots,*
On kiffera ce nouvel art ....
Cet *art gazeux.*

Chipie, harpie !

Chipie, harpie !
Lâche ce stylo !
Chipie, harpie !
Lâche ce couteau !

Peux-tu pour une fois te tenir tranquille,
Diablesse !
Tu t'immisces tout le temps dans le trou béant
De nos faiblesses !

Tu sens vraiment tout, petit animal.
Dès que tes parents sont à bout,
Tu appuies sur la pédale !

Mollo, mollo le bonobo !
On ne peut pas te suivre
Notre rythme à nous, c'est l'escargot.
On ne peut survivre.

Chipie, harpie !
Tu nous fais mal !
Chipie, harpie !
C'est bien normal !

La grande évasion

J'ai fait hier un plan machiavélique
Qui, c'est sûr, réussira.
Les parents nous prennent pour des biques,
Et bien, ça leur apprendra.

Avec Gaspard, c'est décidé.
Demain, on se fait la malle.
En amour, il faut oser
Et quelquefois, ça s'emballe.

J'ai subtilisé dans le sac de Maman
Une carte et des tickets du métro,
Quelques euros à Papa
Pour pouvoir faire de vieux os.

Rendez-vous est pris
Métro Garibaldi.
À 9:00, j'escaladerai les grilles
De l'école Joliot-Curie.

Gaspard m'attendra en haut,
En haut des escaliers.
Paris est à nous !
Rien ne peut nous arrêter !

On vivra en bohème,
On passera des temps durs.
C'est sûr…
Mais l'amour fait franchir des montagnes.
Aux âmes les plus pures.

Nous ferons subir à nos petits corps
Toutes sortes d'entraînements.
Il faut bien les endurcir de la sorte
Pour devenir vaillant.

9:30. Gaspard n'est pas là,
Il a un peu de retard.
10:30. Toujours pas là
Quel pleutre, ce bâtard !

C'est toujours ainsi avec les garçons,
En maternelle déjà P'tit Louis
M'avait trahi pour Suzon !

Ce n'est pas grave, je trouverai dehors
Des compagnons plus sûrs
Qui n'auront pas peur, eux,
De vivre d'aventures.

On ira au bout du monde,
Au bout de la ligne 13.
Car on y trouve du côté de Montrouge
Un beau Châtillon de fraise.

Mince alors, il y a grève !
Voici mes plans à plat.
Dois-je donc laisser mes rêves
Aux pieds d'un syndicat ?

11:30. Je rentre à la maison.
Il fait froid dehors quand même.
En France, ce n'est pas la saison
De vivre ses poèmes.

Drôle d'autorité

- Papa, interviens !
Le bébé fait du boudin.
Il a brisé son hochet
Sur la tête du curé !

- Ce n'est pas acceptable,
Monsieur l'Abbé.
Je fais amende honorable.

Tous les points de suture
Sont à mes frais,
Tenez-le pour sûr.

Comprenez Monsieur l'Abbé
C'est qu'à la maison,
L'ambiance est morose.
Dès que bébé sort,
Cela fait qu'il explose.

Mais c'est promis,
Je ferai preuve d'autorité !
Dès qu'on rentre à la maison,
Je le ferai rigoler !

- C'est là votre méthode,
La bouffonnerie ?
- Sauf votre honneur, oui je le pense
C'est ainsi que le respect se forge.
En franches facéties.

Delphine, rue Dauphine

J'ai rencontré Delphine, rue Dauphine,
Ça faisait un bail.
Elle me dit :
- Qu'est-ce que tu deviens, petit lapin,
Depuis tes épousailles ?

- Ah... pas grand-chose, tu sais,
Mes illusions sont passées,
Je suis un peu sur la paille.

J'ai trois marmots sur le dos,
Des dettes à n'en plus finir,
Un divorce pas rigolo
Mon ex est à vomir.

Il y a deux mois,
J'ai contracté le Covid.
Mais, avant la quarantaine,
Je l'ai refilé à Walid
Qui a tué sa marraine.

Entre-temps mon resto a cramé,
C'est la poisse.
Je dois refaire tous mes papiers,
De guerre lasse.

Ce plâtre-là, ce n'est pas de l'épate
J'ai glissé sur le macadam.

Boum ! J'ai explosé mes deux pattes
Mais aussi une vieille dame.

Je suis vraiment en galère,
Mon bailleur, ce rat,
Ne veut pas renégocier.
Dans un mois, c'est la rue
Ou bien alors les huissiers.

Mais, dis-moi, tu es seule là ?
Tu te souviens de nous deux ?
Au lycée, on était populaire,
On faisait des envieux.

Passe à la maison un jour
Avant que l'on me chasse.
On mangera un petit plat mon amour
Et des *Häagen-Dasz*.

Et si le souvenir est bon
Pourquoi pas, ma tendre,
Remettre le couvert ?
L'addition de deux ratés,
C'est un truc à vendre,
C'est un deal pépère.

Ça pourrait bien marcher,
Qui sait ?
Et pour être honnête,
Ça m'arrangerait.

La savonnette à vilain

La marquise de Saint-Ouen,
Un beau jour de printemps,
Quittait dans ses plus beaux atours
Son château de Boisfranc :

- Écartez-vous manants,
Je suis une princesse.
Ne feignez pas de comprendre,
Appelez-moi altesse !

Et ne m'approchez pas, je vous prie.
Prenez quelques distances.
On n'aborde pas une marquise
Sans quelques révérences.

Ah ! Ces gens du peuple m'horripilent,
Ils n'ont aucun savoir-être.
Sans maintien de corps, ils vacillent.
Telles de petites pâquerettes.

On ne peut leur faire confiance,
Ils tournent où va le vent,
D'opinions sans vraisemblances,
À des pensées sans tenants.

Ah ! Cette plèbe, quelle engeance !
C'est à qui mieux ment,
Toujours une pensée mesquine
Contre l'establishment.

Jadis, ces mécréants pérorèrent
Que je n'avais pas le sang si pur,
Et, que deux générations en arrière,
Nous étions de la roture.

Que ce titre je ne le devais
Qu'à un achat d'office,
Que notre famille de banquiers
Ne datait pas de Clovis.

Que mon beau pedigree
N'est qu'un lignage de vilains
Que je m'obstine à guéer,
Savonnette à la main.

C'est là leur opinion,
Mais les faits sont opiniâtres,
Les généalogistes nous remontent
Au beau temps d'Henri IV.

Alors, laissons circuler ces bagatelles,
Autant les laisser courir.
En matière mémorielle,
Plus vite courent les rumeurs,
Plus vite elles vont mourir.

Les blessures de guerre

Regarde Maman, mes blessures !
Je reviens de la guerre,
De la seconde guerre *audonique* !
Je souffre, Maman, bien sûr
Bien que je sois supersonique !

Ces écorchures sont le signe
Que je suis invincible !
Car, un à un, j'ai vaincu
Tous les ennemis de la ville :
Tino le Bonobo et *Emma la folle*,
Hakim le Zozo et *Sacha Pot-de-Colle*.

Tous passés sous mon sabre,
Mon grand sabre en plastique.
Quoi vous rigolez ?
Et bien vous allez en tâter,
Bande d'ironiques !

Jamais on n'avait connu sur terre
Un combat plus important.
Stalingrad, Lépante, Actium,
Et même Marignan,
C'était de la gnognote
Comparé à Marmottan !

Vois-tu, j'ai survécu au plus grand
Crêpage de chignons de l'Histoire
Où s'affrontaient
Tous les enfants du square.

Ce ne fut que chutes et parades,
Esquives et escouades,
Escarmouches et filatures,
Armes saisies et jetées en pâture.

Ce fut un combat titanesque
Qui résonne dans toutes les mémoires
Mes blessures de guerre l'attestent.
Je suis un héros ce soir.

Alors, Maman, viens me cajoler
Et me mettre un peu de pommade.
On ne peut se coucher sans trouble
Après une telle cavalcade.

Dans tes bras, la vie fulgurante
Semble bien plus docile.
Faisons fi de savoir
Qu'elle ne tient qu'à un fil.

Les effets de la table à repasser

Mon papa repasse le linge,
Ça rend maman moins insensible.
Elle le trouve moins *singe*
Un peu plus *Me too* compatible.

Mon papa repasse le linge.
Ça rend folles les femmes du quartier
Elles le trouvent très sensuel
Quand il se met à repasser.

Lorsqu'il prend le fer,
Il s'habille avec un short moulant
Et, comme la chaleur lui pèse,
Il dénude son torse, évidemment.

Sexy et en plus corvéable !
Cela meut la gent féminine
Le plus beau cheval de l'étable !
Ô ! Volupté divine !

Rendez-vous est pris
Le dimanche à 11 heures
D'un côté de la cour,
Papa, en plein labeur.
De l'autre, la rumeur sourd
Les jeunes femmes en fleur.

L'assistance est dense,
On se donne le mot.
Les bourgeoises sèchent la messe,
Les attendent, une autre communion.
Elles préfèrent au *God bless*,
L'immaculé Apollon.

Après quelques minutes,
Des gouttes de sueur suintent
Sur le torse de mon père.
Une mamie alors défaille
Dans un grand râle aigre.

Pin-Pon ! Les pompiers arrivent,
Mais, elle ne se relèvera pas.
Terrassée, sur l'autre rive,
Criminelles fesses de Papa !

Chaque voyeuse dans sa demeure
Cacha le secret à la police
Car aucune ne voulut perdre,
Chaque dimanche, ce bel office.

C'est en effet une juste récompense
Après une semaine de travail
De pouvoir adorer, ô concupiscence,
Ce divin corps d'émail.

Voilà pourquoi fidèles au poste
Dans l'espoir d'une vision,

Elles sacrifient en holocauste
Pour une transverbération.

Même si elles se savent déjà jugées
Idolâtres et hérétiques,
Elles risqueront la vision extatique,
Malgré tous ses dangers.

Car comme Sainte Thérèse, elles espèrent
Arpenter le même parcours
Par un torse ou une hanche
Être transpercées d'amour.

La fin du spectacle

Oyez, oyez, parents !
Bientôt le numéro des bébés rigolos !
Du matin jusqu'au soir, vous aurez droit :

À des mimiques à la pelle,
Aux cris d'orfraie feints,
Aux courses folles et rebelles,
Aux gazouillis, aux câlins.

Oyez, oyez, braves parents !
Ne ratez rien du *pestacle* !

Votre enfant mute devant vos yeux :
Du koala lové dans sa mère
Au petit fauve à quatre pattes primaire,
Du orang-outang facétieux
Au castor flottant heureux,
De la petite brebis cherchant sa mère
Au lion rugissant et en colère !

Oyez, oyez, parents !
Contemplez cet être mouvant
Mais, prenez garde, il vous échappe.
Profitez, profitez donc du vrai spectacle.

Celui devant vous, devant vos yeux
Gratuit celui-là, originel,
De votre enfant agissant
Au naturel.

Nul besoin d'aucun artifice,
D'écrans lumineux dans une cave factice.
Le produit de cette grotte est là devant vous
Nu, mutant, vivide, scénique :
Un agneau pascal que dévore le loup.

TO BE CONTINUED ...

TABLE

Chronologie du royaume de Saint-Ouen
Carte du royaume de Saint-Ouen

1. Voyage en humeurs
2. La compote, mon pote
3. Avertissement au lecteur
4. Les grands-mères de la rue Ampère
5. Les mains de bûcheron
6. La caverne d'Ali Papa
7. Fermeture d'usine
8. Aux petits oignons
9. Jeux de mains, jeux de vilain
10. La prière culinaire
11. Aidez-nous, Audon !
12. La bière au chocolat
13. La danse des petits poulets
14. Manif nasale
15. Pas touche au bidou !
16. La conspiration de l'aspiration
17. Les bébés de 2018
18. Amour technologique
19. La saucisse au camembert
20. Le tarin du daron
21. Du pyjama à Zola
22. Dock-down
23. Le père Grégoire

24. Les requins du bain
25. Le poisson qui n'aimait pas l'eau
26. Les besoins souverains
27. Les saucisses à l'orange
28. Le marquis de Selles
29. Necker Jacques
30. Regardez-moi
31. Louis XVIII : le roi-fauteuil
32. L'alphabet des mots doudou
33. Une pitchoune pachtoune
34. L'abeille et le cochon
35. Libérez les harengs !
36. Les saintes hérédités
37. Pirates, à l'attaque !
38. Les bruits de la vie
39. Monsieur le Maire
40. On a gagné !
41. *Ketchup Cake*
42. Le parti Godillot
43. Le meilleur restaurant
44. *Baby Rave Party*
45. Tourtiturri !
46. Tout pour toi
47. Le trou de la Sécu
48. Un repas d'enfer
49. Tût Tût !
50. Paulin Talabot
51. Poupée Katia

52. Le vélo, ça nous tue
53. Pas de pitié pour les papas
54. Les bouillies interstellaires
55. La tarte au poivre
56. Quand il y en a …
57. Les vacances au studio
58. De Serpette à Biron
59. Le Gang des trottinettes
60. Les emplettes des Épinettes
61. Le papy du parc
62. Allô, l'eau, l'eau !
63. *Baby, body, buddy*
64. La guerre d'indépendance
65. Je voulais nourrir le poisson
66. Coupe tes mots au massicot
67. *Iaroslavl*
68. La geste cynégète
69. L'appel de la pantoufle
70. Mariage arrangé
71. L'amour ne perd pas le Nord
72. Le rock des épuisés
73. Par terre à Helbronner
74. *Amazon* à l'horizon
75. Madame Louise était quelqu'un
76. Hauts les mains !
77. La république des *Choufs*
78. Lettre du bébé à son bain
79. Réponse du bain au bébé

80. Après la sieste
81. C'est la guerre à modeler
82. Repas de famille
83. Amin le Boulimique
84. Au revoir ma cousine
85. Apolline et Hippolyte 1
86. Apolline et Hippolyte 2
87. Apolline et Hippolyte 3
88. Apolline et Hippolyte 4
89. Apolline et Hippolyte 5
90. Feignant bébé
91. *Baba Yega*
92. L'atelier du peintre
93. Chipie, harpie !
94. La grande évasion
95. Drôle d'autorité
96. Delphine, rue Dauphine
97. La savonnette à vilain
98. Les blessures de guerre
99. Les effets de la table à repasser
100. La fin du spectacle

On reste en contact ?

Un avis ou une critique sur ce que vous venez de lire ?
Je serais très heureux d'échanger avec vous.

Courriel : riogarcia@hotmail.fr
Facebook : L'Anonyme de Qumrân
Instagram : L'Anonyme de Qumrân

Les refrains de Saint-Ouen © 2020
Garcia Company Romain
Édition : BoD – Books on Demand, 12/14 rond-point des Champs-Élysées, 75008 Paris
Impression : BoD, Norderstedt, Allemagne
ISBN : 9782322254866

Loi n°49-956 du 16 juillet 1949 sur les publications destinées à la jeunesse, modifiée par la loi n°2011-525 du 17 mai 2011.